Irene M. Beier

Herausgeber: Wassilios E. Fthenakis

Kinder stark machen!
Resilienzförderung in der Kita

1. Auflage

Bestellnummer 12745

■ Bildungsverlag EINS
westermann

Die in diesem Produkt gemachten Angaben zu Unternehmen (Namen, Internet- und E-Mail-Adressen, Handelsregistereintragungen, Bankverbindungen, Steuer-, Telefon- und Faxnummern und alle weiteren Angaben) sind i. d. R. fiktiv, d. h., sie stehen in keinem Zusammenhang mit einem real existierenden Unternehmen in der dargestellten oder einer ähnlichen Form. Dies gilt auch für alle Kunden, Lieferanten und sonstigen Geschäftspartner der Unternehmen wie z. B. Kreditinstitute, Versicherungsunternehmen und andere Dienstleistungsunternehmen. Ausschließlich zum Zwecke der Authentizität werden die Namen real existierender Unternehmen und z. B. im Fall von Kreditinstituten auch deren IBANs und BICs verwendet.

Die in diesem Werk aufgeführten Internetadressen sind auf dem Stand zum Zeitpunkt der Drucklegung. Die ständige Aktualität der Adressen kann vonseiten des Verlages nicht gewährleistet werden. Darüber hinaus übernimmt der Verlag keine Verantwortung für die Inhalte dieser Seiten.

service@bv-1.de
www.bildungsverlag1.de

Bildungsverlag EINS GmbH
Ettore-Bugatti-Straße 6-14, 51149 Köln

ISBN 978-3-427-**12745**-1

westermann GRUPPE

INHALT

INHALT

VORWORT

Ist ein resilienzförderndes Verhalten wirklich selbstverständlich in Kitas? Resilienzförderndes Verhalten zeigen Erzieherinnen* z. B., indem sie die Kinder und deren Äußerungen ernst nehmen, aktuelle Bedürfnisse wahrnehmen und sie immer respektvoll wertschätzend durch den Kita-Alltag begleiten. Doch wozu das Ganze? Durch die Globalisierung werden die Anforderungen an jedes einzelne Mitglied unserer Gesellschaft immer komplexer. Gleichzeitig gibt es – u. a. durch die Technisierung – immer weniger Möglichkeiten, von direkten Vorbildern zu lernen, wie verschiedene Probleme gelöst werden könnten. Widerstandsfähige Kinder sehen Aufgaben und Probleme als Herausforderungen an, die sie bewältigen können. Sie sind in der Lage, eigene kompetente Lösungen zu entwickeln.

Besonders im Umgang mit Kleinstkindern in der Kita ist eine empathische und resilienzfördernde Haltung wichtig.

Das vorliegende Buch soll den pädagogischen Fachkräften in der Kita dabei helfen, genauer hinzuschauen: Wie feinfühlig, achtsam und respektvoll gehen sie im Alltag mit den Kindern – und auch mit sich selbst und den Kollegen – um? Und wie oft handeln und entscheiden sie über die Kinder, ohne ihr Handeln vorher anzukündigen oder sie zu fragen? Und was benötigen Sie, um ein wertschätzendes Verhalten in die alltägliche Arbeit zu implementieren? In diesem Buch werden anhand von Fallbeispielen Situationen vorgestellt, in denen die Kinder an der Gestaltung ihres Alltags beteiligt werden.

Ziel dieses Buches ist es, dass die Leser ihre persönliche Haltung und ihr pädagogisches Handeln überdenken und reflektieren. In einem zweiten Schritt sollen sie befähigt werden, ihr

---

* Aus Gründen der sprachlichen Vereinfachung wird vorrangig die weibliche Form verwendet. Selbstverständlich sind damit Personen jeglichen Geschlechts gemeint.

VORWORT

pädagogisches Handeln zu verändern um dieses unmittelbar in ihrer Kita anwenden zu können.

Seit vielen Jahren bin ich als Leiterin verschiedener Kitas, Autorin und als Fortbildnerin tätig. In allen Bereichen habe ich festgestellt, dass es zunehmend mehr Einrichtungen gibt, in denen sich pädagogische Fachkräfte verstärkt mit dem Thema Resilienz befassen.

Dabei hörte ich Aussagen wie: „Da habe ich noch gar nicht so drüber nachgedacht, aber jetzt, wo wir uns mit dem Thema befassen, wird mir vieles klarer!"

Bei den Titeln der vorliegenden Reihe wird ein besonders großer Wert auf einen direkten Praxisbezug gelegt. Die hier angeführten Beispiele werden Ihnen wahrscheinlich bekannt vorkommen. Die nachfolgenden Handlungsanregungen können Sie gleich in Ihrer beruflichen Praxis umsetzen.

1 Einleitung

Es sind die kleinen Unterschiede, manchmal nur Nuancen im Umgang mit Klein- und Kleinstkindern, die entscheidend bei der Resilienzförderung sein können. Auf welche Art und Weise werden Kinder angesprochen, bevor etwas mit ihnen geschieht, bzw. werden sie überhaupt vor der Handlung (z. B. Hochheben) angesprochen? Das Fallbeispiel auf S. 9 wird im vorliegenden Titel immer wieder zur Verdeutlichung von Theorien und Methoden genutzt.

EIGENE NOTIZEN

Feinfühlig und empathisch? „Natürlich sind wir das", werden alle Er-zieherinnen auf diese Frage antworten. Denn insbesondere beim Umgang mit Kleinstkindern in der Kita geht es nicht ohne empathi-sches Verstehen, denn diese Kinder können sich noch nicht alle ver-bal verständlich machen.

Ein Beispiel in Form einer Frage soll der Annäherung an das Thema dienen: Welche Reaktio-nen erleben pädagogische Fach-kräfte in einer Kita, wenn ein kleines Kind hinfällt? So geht z. B. ein Erwachsener zu dem gestürz-ten Kind hin, hebt es schnell hoch, stellt es wieder hin und klopft ihm den Sand von der

Hose und den Händen mit den Worten: „Ist ja gar nicht so schlimm, siehst du? Ist schon alles wieder gut."

Würden diese Menschen genauso reagieren, wenn ein Erwachsener hinfällt? Vermutlich nicht. Wahrscheinlich würden sie einen Erwach-senen zunächst ansprechen: „Geht es Ihnen gut?" „Ist alles in Ord-nung?" „Kann ich helfen?" „Wie kann ich Ihnen helfen?"

Was hindert Menschen daran, mit den Kindern genauso umzugehen? Woher wissen die Erwachsenen denn, dass der Sturz „nicht schlimm" ist? Vielleicht weint das Kind gar nicht vor Schmerzen, sondern weil es sich erschreckt hat. Auch darauf reagiert jeder unterschiedlich. Der eine fängt an zu lachen, der andere beginnt zu weinen, wieder andere tun den Schreck mit einem Schulterzucken ab.

Im vorliegenden Buch werden einige Methoden zur Resilienzförde-rung vorgestellt. Diese können helfen, die persönlichen Möglichkei-ten im resilienzfördernden Umgang mit den Kindern zu erweitern und diesbezügliche Grenzen zu erkennen. Natürlich gibt es unter-schiedliche Herangehensweisen. Es gibt immer individuelle Lösungs-wege. Dies wird u. a. in den praktischen Beispielen bei der Erläute-rung der möglichen Herangehensweisen deutlich.
Eine Grundlage dieses Buches ist der systemische Ansatz, der aus-führlich beschrieben wird.

1

Fallbeispiel

Hendrik ist ein Jahr alt und wird gerade in der Kita eingewöhnt. Er kommt seit ein paar Tagen mit seiner Mutter in die Kita und wird jedes Mal von der Erzieherin Elke begrüßt. Hendrik und Elke haben sich bereits etwas angefreundet. Hendrik freut sich, wenn er auf dem Arm seiner Mutter in die Gruppe kommt und Elke sieht. In der zweiten Woche wird der erste Trennungsversuch gestartet. Hendrik spielt mit Elke auf dem Bauteppich mit der Holzeisenbahn, seine Mutter schaut aus einiger Entfernung zu. Auf ein vorher abgesprochenes Zeichen geht die Mutter zu Hendrik und verabschiedet sich: „Tschüss, Hendrik. Ich gehe jetzt kurz mal weg und bin gleich wieder da." Sie gibt ihrem Sohn einen Kuss und geht. Elke fordert Hendrik auf, sich von seiner Mutter zu verabschieden und zu winken. Hendriks Unterlippe schiebt sich vor. Seine Mutter verlässt den Gruppenraum, Hendrik beginnt sich hilfesuchend umzusehen, seine Augen füllen sich mit Tränen.

Nun gibt es verschiedene Möglichkeiten für die Erzieherin zu reagieren:

VARIANTE A

Elke nimmt Hendrik schnell auf den Arm und drückt ihn tröstend an sich. Sie dreht sich mit ihm von der Tür weg, sodass er die Tür nicht mehr sieht, durch die seine Mutter den Raum verlassen hat. Hendrik weint und dreht sich in Richtung Tür. Er streckt die Arme in diese Richtung. Elke sagt: *„Die Mama kommt gleich wieder, jetzt bin ich ja da. Komm, wir spielen etwas zusammen."* Sie küsst ihn auf den Kopf, drückt ihn noch einmal und setzt ihn neben sich auf den Bauteppich.

Was ist passiert?

Elke nimmt Hendrik ungefragt auf den Arm. Sie geht davon aus, dass sie für Hendrik ein gleichwertiger Ersatz für seine Mutter ist. Dies ist natürlich nicht der Fall. Das Küssen des Kindes ist in diesem Stadium zu Beginn der Beziehung fragwürdig bzw. grenzüberschreitend. Elke nimmt das Kind und seinen Trennungsschmerz nicht ernst.

VARIANTE B

Elke nimmt Hendrik schnell auf den Arm und drückt ihn tröstend an sich. Sie versucht, ihn abzulenken: *„Schau mal, da ist die Eisenbahn. Damit hast du doch eben so schön gespielt."* Hendrik weint und dreht sich weg. Daraufhin geht Elke mit ihm auf dem Arm von der Tür weg zum Fenster. *„Schau mal, Hendrik, da sind ganz viele Kinder draußen im Garten, siehst du sie?"* Hendrik weint und dreht sich in Richtung Tür. Die Erzieherin startet einen weiteren Ablenkungsversuch: *„Schau mal, Hendrik, möchtest du dieses Buch mit mir anschauen?"* Hendrik reagiert nur kurz und weint weiter. Elke wendet sich mit folgenden Worten an das weinende Kind: *„Ach, Hendrik, komm schon, die Mama kommt ja gleich wieder. Das schaffst du schon."*

Was ist passiert?

Elke versucht, Hendrik von seinem – sehr berechtigten – Trennungsschmerz abzulenken. Dadurch signalisiert sie dem Kind, dass sein Schmerz oder seine Trauer falsch und unnötig sind. Sie nimmt das Kind und seinen Trennungsschmerz nicht ernst.

VARIANTE C

Elke nimmt Hendrik schnell auf den Arm und drückt ihn tröstend an sich. Sie versucht, ihn abzulenken: „Schau mal, da ist die Eisenbahn. Damit hast du doch eben so schön gespielt." Hendrik weint und dreht sich weg. Elke geht mit ihm auf dem Arm in den Flur, läuft dort auf und ab, schaut, ob Hendrik sich in der Küche ablenken lässt. Sie redet auf ihn ein: *„Hendrik, du brauchst nicht weinen, die Mama kommt ja gleich wieder, alles ist gut."* Der Junge weint weiter mal leiser, mal lauter. Er blickt sich suchend um. Elke versucht weiter – ihn herumtragend – zu trösten: *„Du machst das ganz toll. Alles ist gut. Gleich ist Mama wieder da. Gut machst du das, du bist ein großer Junge, du schaffst das!"* Hendrik weint weiter.

1

Was ist passiert?

Auch hier versucht Elke, Hendrik von seinem – sehr berechtigten – Trennungsschmerz abzulenken. Sie sagt ihm, alles sei gut, was aus seiner Sicht nicht stimmt. Vielleicht ist sie der Meinung, sie sei eine bessere Erzieherin, wenn das Kind bei der Trennung von der Mutter nicht weint. Sie nimmt das Kind und seinen Trennungsschmerz nicht ernst.

VARIANTE D

Elke sucht den Blickkontakt zu Hendrik und spricht ihn an: *„Hendrik, möchtest du zu mir auf den Arm?"* Mit diesen Worten streckt sie ihm ihre Arme entgegen, ohne ihn zu berühren. Hendrik schaut sie zunächst fragend an, dann streckt er ihr seine Arme entgegen. Elke nimmt ihn mit den Worten hoch: *„Du möchtest also auf meinen Arm, Hendrik. Dann nehme ich dich jetzt mal hoch."* Hendrik lehnt sich leicht an, weint leise weiter. Elke begleitet das von ihr wahrgenommene Verhalten Hendriks mit den Worten: *„Hendrik, ich sehe, du bist ganz traurig, weil die Mama weggegangen ist. Stimmt's? Du darfst auch traurig sein. Kann ich dich trösten? Du schaust zur Tür. Willst du dort hin?"* Hendrik schaut nickend zur Tür. *„Soll ich dich runterlassen, möchtest du laufen?"* Elke macht eine Bewegung, deutet an, ihn abzusetzen. Hendrik hält sich an ihr fest. Er möchte offensichtlich auf dem Arm bleiben. Elke spiegelt ihm auch dies mit Worten: *„Ah, du hältst dich fest. Du möchtest auf meinem Arm bleiben. Gut, dann gehen wir zusammen mal auf den Flur."*

Was ist passiert?

Hendrik fühlt sich verstanden und ernst genommen. Seine Wünsche nach Nähe werden respektiert und seinen Bedürfnissen gerecht erfüllt. Elke richtet ihren Fokus auf Hendrik, ihre eigenen Bedürfnisse stellt sie zurück, denn sie sind in dieser Situation ohne Belang.

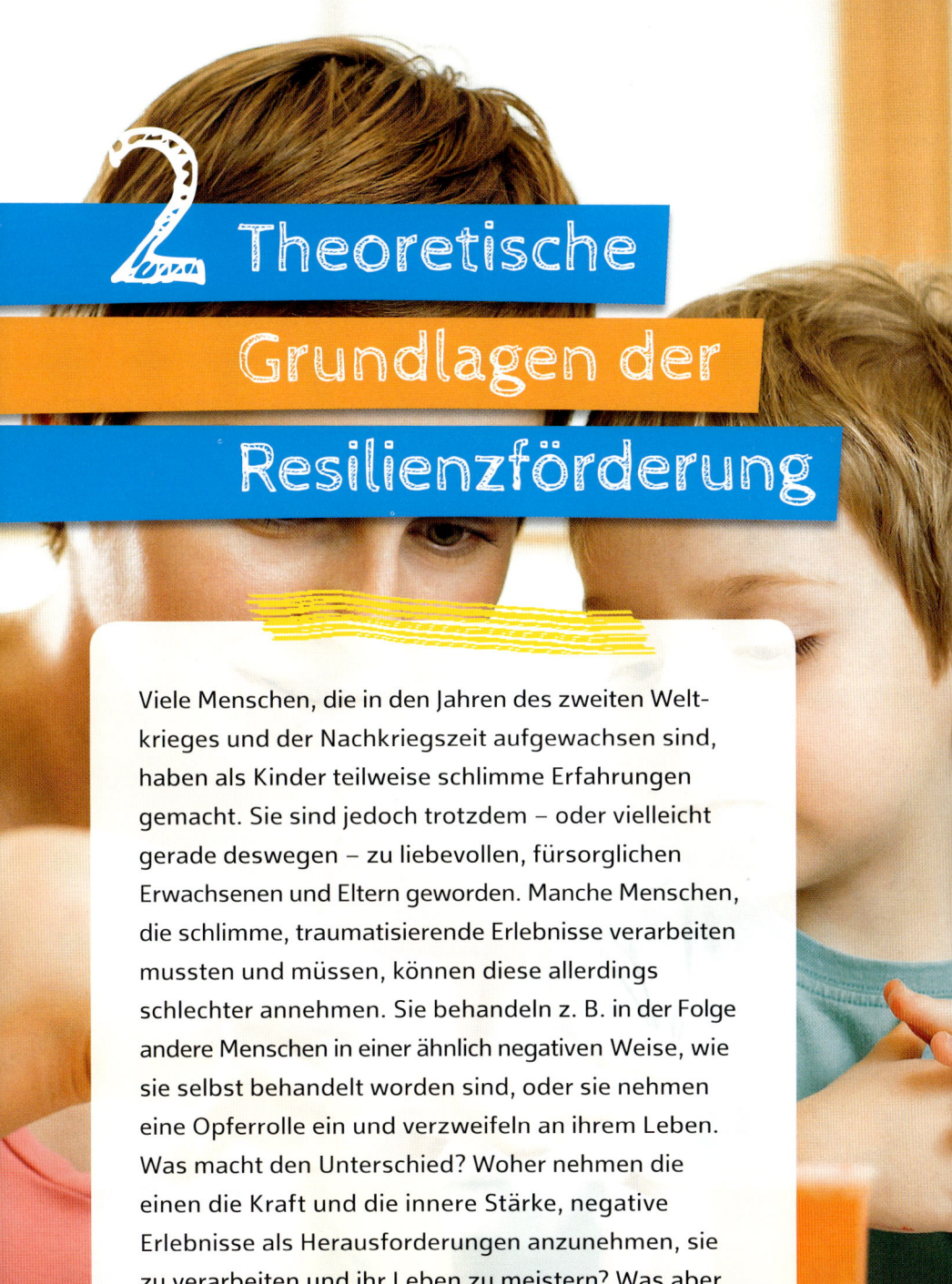

2 Theoretische Grundlagen der Resilienzförderung

Viele Menschen, die in den Jahren des zweiten Weltkrieges und der Nachkriegszeit aufgewachsen sind, haben als Kinder teilweise schlimme Erfahrungen gemacht. Sie sind jedoch trotzdem – oder vielleicht gerade deswegen – zu liebevollen, fürsorglichen Erwachsenen und Eltern geworden. Manche Menschen, die schlimme, traumatisierende Erlebnisse verarbeiten mussten und müssen, können diese allerdings schlechter annehmen. Sie behandeln z. B. in der Folge andere Menschen in einer ähnlich negativen Weise, wie sie selbst behandelt worden sind, oder sie nehmen eine Opferrolle ein und verzweifeln an ihrem Leben. Was macht den Unterschied? Woher nehmen die einen die Kraft und die innere Stärke, negative Erlebnisse als Herausforderungen anzunehmen, sie zu verarbeiten und ihr Leben zu meistern? Was aber hindert andere Menschen, sich ebenso zu entwickeln und zu wachsen?

Die Forschung zum Thema „Resilienz" begann 1955 durch Emmy E. Werner und ihre Kollegin Ruth Smith mit einer Langzeitstudie auf Kauai/Hawaii. Es wurden knapp 700 Kinder über 40 Jahre begleitet. Alle Kinder kamen aus schwierigen Verhältnissen. Ein Drittel der Kinder entwickelte sich zu Erwachsenen, die ihr Leben gut im Griff hatten. Da alle Kinder ähnlich schlechte Startbedingungen hatten, schlossen die Forscherinnen daraus, dass es so etwas wie „seelische Schutzfaktoren" geben müsse. Inzwischen gibt es viele weitere Studien, die zu den gleichen Ergebnissen gekommen sind.

Seelische Schutzfaktoren werden mit dem Begriff **Resilienz** bezeichnet. Hierbei handelt es sich um eine seelische Widerstandskraft und Stärke, welche einige Menschen im Laufe ihres Lebens erwerben und erlernen. Bedeutsam für die Entwicklung von Resilienz ist einerseits die Persönlichkeit des einzelnen Menschen und andererseits sein Lebensumfeld.

In diesem Buch geht es um die Faktoren, welche die Entwicklung von Resilienz bei Kindern fördern. Für Erzieherinnen bedeutet dies: Was können sie als pädagogische Fachkräfte in den Kitas zur Resilienzförderung beitragen? Welche Faktoren beeinflussen ihr Verhalten? Welche Rahmenbedingungen brauchen sie, um einen resilienzfördernden Umgang mit den Kindern in den Gruppen zu etablieren?

2.1 Resilienz: Begriff und Bedeutung

Was ist Resilienz?

Definition: Resilienz
Unter Resilienz (lat. *resilire* = „zurückspringen", „abprallen") oder psychischer Widerstandsfähigkeit wird die Fähigkeit verstanden, Krisen zu bewältigen und sie durch den Rückgriff auf persönliche und sozial vermittelte Ressourcen als Anlass für Entwicklungen zu nutzen. Resilienz ist nicht angeboren, sondern wird im Laufe des Lebens erworben.

Im Zusammenhang mit dem Begriff „Resilienz" fällt oftmals der Ausdruck „Salutogenese". Der Begriff **Salutogenese** wurde von dem israelisch-amerikanischen Medizinsoziologen Aaron Antonovsky in den 70er-Jahren des letzten Jahrhunderts geprägt. Es setzt sich zusammen aus dem lateinischen Begriff „salus" (= Gesundheit) und dem griechischen Wort „Genese" (= Entstehung). Salutogenese bezeichnet somit die Entstehung von Gesundheit, während im Gegenzug die Pathogenese die Entstehung von Krankheit beschreibt.

Seelische Gesundheit kann gestärkt werden, wenn der Mensch eine stimmige Verbundenheit mit sich und seinem sozialen Umfeld (Kohärenzgefühl) empfindet. Sowohl Salutogenese als auch Resilienzförderung lenken den Blick auf die Stärken und die Faktoren, welche die Entwicklung eines Menschen positiv unterstützen. Die Salutogenese bezieht sich dabei vorrangig auf den Bereich der physischen Gesundheit, während es bei der Resilienzförderung um den Aufbau einer psychischen Widerstandskraft geht.

Der Begriff „Resilienz" beschreibt die psychische Fähigkeit eines Menschen, belastende Situationen erfolgreich zu bewältigen. Dazu gehören z. B. schwere physische und psychische Erkrankungen in der Familie (Krebs, Alkoholismus, Depressionen), die Scheidung der Eltern, Armut bzw. finanzielle Probleme, Arbeitslosigkeit. Geflüchtete Menschen leiden oft unter Kriegserfahrungen und den Erlebnissen auf ihrer Flucht. Widerstandsfähige Menschen können diese Schwierigkeiten als Herausforderungen annehmen, eigene Lösungen für den Umgang mit ihnen finden und aus ihrer Bewältigung sogar gestärkt hervorgehen. Ein „Stehaufmännchen", das nachdem es umgeworfen wurde, immer wieder aufsteht, ist ein gutes Sinnbild für resiliente Menschen, die eine Belastung als Herausforderung begreifen, die sie bewältigen wollen und auch können.

Die Widerstandkraft wird idealerweise im Laufe des Lebens erlernt, sie kann in jedem Alter erweitert werden oder durch bestimmte Erlebnisse auch stagnieren.
Die Resilienz eines Kindes kann durch einen achtsamen Umgang und eine resilienzfördernde Pädagogik gestärkt werden. Dies ist u. a. auch die Aufgabe des pädagogischen Personals in Kitas.

2.2 Schutzfaktoren resilienter Kinder

Alle Kinder in der Kita sind in jeder Gruppe individuell und sehr unterschiedlich. Jedes Kind hat seine ganz persönlichen Erfahrungen in seiner eigenen Familie gemacht und daran angepasste Handlungskompetenzen entwickelt. Gleichzeitig hat es in seinem erweiterten sozialen Umfeld Beziehungen, z. B. zu den Großeltern, Verwandten und Bekannten der Familie, aufgebaut. In der Kita ergeben sich zwangsläufig weitere soziale Kontakte zu den pädagogischen Fachkräften und den anderen Kindern.

Manchmal kommen Kinder aus einem schwierigen sozialen Umfeld mit in die Kita. Diese schlechten Rahmenbedingungen werden als **Belastung** bezeichnet. Dazu gehören z. B. die Erfahrung körperlicher Gewalt, Armut, psychische Erkrankungen oder Alkoholismus in der Familie, körperliche Vernachlässigung, emotionale Vernachlässigung oder Gefühlskälte der Eltern. Obwohl solche Faktoren einer gesunden Entwicklung entgegenstehen, entwickelt sich trotzdem ein Teil dieser Kinder erstaunlich gesund, kompetent und stark (resiliente Kinder).

Was befähigt manche Kinder, Krisen, Schicksalsschläge, soziale Benachteiligungen und Vernachlässigung zu bewältigen und stark daraus hervorzugehen?

Ein Paradigmenwechsel (Wechsel einer wissenschaftlichen Grundauffassung zu einer anderen) ist notwendig, um diese Frage zu beantworten. Lange Zeit wurde der Blick auf das, was fehlt, also die

Defizite eines Menschen, gelenkt. Waren diese erkannt, wurden entsprechende Interventionen durchgeführt, um den Mangel zu beseitigen. Dieses Vorgehen ist in der Regel wenig hilfreich. Sinnvoller ist es, die **Ressourcen** eines Menschen in den Blick zu nehmen und auf diese aufzubauen. Auch durch den systemischen Blick findet dieser Paradigmenwechsel statt: Der Fokus (Blickpunkt) wird – weg von den Defiziten – hin auf die Fähigkeiten und Kompetenzen (Ressourcen) gelenkt.

So lässt sich, vereinfacht ausgedrückt, sagen, dass resiliente Kinder über verschiedene Schutzfaktoren verfügen. Diese werden in personale, familiäre und soziale Ressourcen eingeteilt. Wichtig sind demnach für die Resilienzentwicklung von Kindern insbesondere folgende Faktoren:

* **Selbstwirksamkeit (personale Ressource):** Kinder sollten sich als selbstwirksam erleben können. Sie spüren so die Zuversicht, dass ihr eigenes Handeln etwas bewirkt und erwerben Vertrauen in ihre persönlichen Stärken und Fähigkeiten.
* **Emotionale Bindung (familiäre Ressource):** Nahezu lebensnotwendig ist für Kinder eine stabile gefühlsmäßige Bindung zu einem Elternteil oder einer Person, die dessen Stelle dauerhaft einnimmt. Diese gibt Sicherheit und Vertrauen. Auch andere Bezugspersonen (z. B. Erzieherinnen, Paten etc.) erweitern nach und nach den Vertrauensradius und können weniger stabile Familienbeziehungen ausgleichen.
* **Selbstwertgefühl (soziale Ressource):** Durch die Erfahrung, geliebt, geachtet und akzeptiert zu werden, entsteht ein gesundes Selbstwertgefühl. Durch die Erfahrung, für andere Menschen wichtig zu sein und sich von ihnen geliebt zu wissen, können Kinder sich selbst lieben und akzeptieren.

Selbstwirksamkeit: Ein Kind kann Selbstwirksamkeit nur erfahren, wenn es in seinem Alltag angemessene und zu bewältigende Aufgaben und Schwierigkeiten erleben und meistern darf.

Oft wollen Eltern ihre Kinder beschützen und vor allen Schwierigkeiten bewahren. Damit nehmen sie ihrem Kind das Erlebnis und die wichtige Erfahrung, eine Herausforderung aus eigener Kraft bewältigt zu haben. Bei dieser Bewältigung ist es wichtig, dass es Fehler machen darf und aus diesen lernen kann. Hierbei erfährt das Kind, dass sein Handeln Einfluss auf das Geschehen hat. Es lernt, worauf es Einfluss nehmen kann, aber auch, was außerhalb seines Einflussbereichs liegt (Kontroll-überzeugung). Erziehende, die vorschnell eingreifen und für die Kinder handeln, nehmen Kindern diese Chancen.

Fallbeispiel

Laura ist 3,5 Jahre alt und sitzt mit den anderen Kindern am Frühstückstisch. Auf dem Tisch stehen u. a. eine Kanne mit Wasser und eine Kanne Tee. Laura schaut ihr Glas an, es ist noch leer. Das Mädchen sieht sich suchend auf dem Tisch um. Die Erzieherin Nadine sieht das und reicht Laura die Kanne mit Wasser. (Vielleicht gießt sie sogar das Wasser in Lauras Glas.)

Fazit: Laura hatte keine Chance, sich zu überlegen: „Was möchte ich trinken und wie bekomme ich dies?" Nadine hat ihr die Kanne Wasser gegeben, ohne dass das Kind sie danach gefragt hat. Schenkt die Erzieherin das Wasser für Laura – ungefragt (das sollte sie auf keinen Fall tun) – ins Glas, verwehrt sie dem Mädchen weitere wichtige Lernchancen. Zudem bekommt Laura das Gefühl, ihre Meinung und Wünsche seien unwichtig. Es entsteht bei ihr der Eindruck, der Erwachsene wüsste alles und würde dies schon für das Kind regeln. Laura könnte zu dem Schluss kommen, dass sie das Auswählen und Eingießen des Getränks selbst nicht schaffen könne.

Das Einschenken ist eine Handlung, die Erfahrungen in vielen Bereichen ermöglicht: das Gewicht der Kanne einschätzen, das sich bewegende Wasser in der Kanne spüren, den sich verändernden Schwerpunkt handhaben.

Gleichzeitig muss das Kind das Glas festhalten und nur so viel einschenken, wie ins Glas passt. Wenn Laura sich vorher noch überlegen kann, was sie trinken möchte, ist sie in gutem Kontakt mit sich und ihren Bedürfnissen.

Hat sie die Möglichkeit, selbst dafür zu sorgen, dass sie das Getränk bekommt, erfährt sie Selbstwirksamkeit. Außerdem nimmt sie Kontakt mit den anderen Kindern oder der Erzieherin auf (soziale Kompetenzen), sagt deren Namen und sie bittet darum, dass ihr die Kanne gegeben wird.

Emotionale Bindungen und Selbstwertgefühl: In der Kita geht ein Kind neue Beziehungen zu Menschen ein, die zunächst – genau wie die Umgebung – fremd sind. Die pädagogischen Fachkräfte gehen in der Regel anders mit dem Kind um als die Eltern. Dadurch werden für das Kind andere Handlungsstrategien notwendig und das Beziehungsgeflecht wird erweitert. Hier sind konstante und emotional stabile Beziehungen zu den Erzieherinnen eine wichtige Ergänzung zur Familie, insbesondere bei belastenden familiären Situationen. Das Kind bemüht sich aktiv um eine Beziehung, welche zuverlässig und vorhersehbar sein sollte. Nähe und Distanz werden im achtsamen und feinfühligen Umgang hauptsächlich durch das Kind bestimmt.

MERKMALE VON RESILIENTEN UND NICHT-RESILIENTEN KINDERN

Ein **resilientes Kind** sucht von sich aus aktiv nach einer Lösung. Kommt es allein nicht weiter, ist es in der Lage, sich Unterstützung zu holen.
Nicht-resiliente Kinder sind überwältigt von Problemen und fühlen sich den Schwierigkeiten hilflos ausgeliefert. Sie verhalten sich eher passiv in Bezug auf das Entwickeln einer Lösungsstrategie.

Eine wichtige Basis zur Förderung der Widerstandskraft ist das bereits erwähnte **Kohärenzgefühl**, also das Gefühl von Zugehörigkeit. Alle Menschen wollen zu einer Gemeinschaft dazugehören, ein bedeutsamer Teil des sozialen Umfelds sein. Resiliente Kinder – und natürlich auch Eltern und Erzieherinnen – erleben sich als wertvolle Mitglieder eines Systems, z. B. der Familie, der Kita, des Teams oder der jeweiligen Kindergruppe. Sie empfinden Belastungen als Herausforderung, die sie bewältigen können und als Chance, sich weiterzuentwickeln.

Der Soziologe Aaron Antonovsky hat drei wesentliche Faktoren herausgearbeitet, welche das Kohärenzgefühl beinhaltet:

* **Verstehbarkeit:** Das Kind durchschaut Zusammenhänge. Es erkennt einen Sinn in dem, was passiert. Erlebnisse, Erfahrungen und die darauf folgenden Reaktionen sind vorhersehbar und transparent. Das Kind kann sich die Zusammenhänge selbst erklären.
* **Handhabbarkeit:** Das Kind sieht Schwierigkeiten als Herausforderungen an, die es aktiv lösen kann. Es hat Vertrauen in seine eigenen Fähigkeiten, auch durch die Erfahrungen mit selbst gelösten Problemen.
* **Sinnhaftigkeit:** Das Kind erkennt, dass eine Herausforderung einen Sinn hat und es sich lohnt, sich für eine Lösung einzusetzen.

Das Anforderungs-Belastungsmodell der Salutogenese sieht die Anforderung der Ressource gegenüber:

© Beier

Das Anforderungs-Belastungsmodell der Salutogenese: Hier sind die Anforderung/ Aufgaben (blauer Würfel) und die Ressourcen (grüner Würfel) in Balance. Das heißt, die Herausforderung kann mit den vorhandenen Ressourcen bewältigt werden.

Reichen die Ressourcen zur Bewältigung der Anforderung nicht aus, so wird diese Herausforderung als Belastung empfunden.

© Beier

Die Herausforderung wird als Belastung empfunden.

Es ist also notwendig, dass Kinder Anforderungen ausgesetzt sind, die sie bewältigen können, damit sie psychisch stark werden. Es wird natürlich immer wieder Herausforderungen geben, die ein Kind nicht allein bewältigen kann. Dies zu erkennen und dann um Unterstützung zu bitten, ist für das Kind ebenfalls eine wichtige Erfahrung. Diese Unterstützung darf ihnen die Lösung jedoch nicht abnehmen. Sie sollte so gering wie möglich und feinfühlig den Fähigkeiten des Kindes angepasst sein. Denn auch Anforderungen, die Kinder mit angemessener Unterstützung bewältigen können, ermöglichen es ihnen, Vertrauen in ihre Fähigkeiten und Selbstwirksamkeit zu entwickeln.

> „Jeder Mensch braucht das Gefühl, eine unverzichtbare Rolle zu spielen und einen wichtigen Beitrag zum alltäglichen Leben zu leisten. Ein Kind, das das Gefühl hat, einen wichtigen Beitrag zu leisten, entwickelt das Vertrauen, dass sein Beitrag geschätzt wird und dass es wirklich von denjenigen in seiner Familie in Anspruch genommen wird, die Hilfe brauchen."
>
> (Satir, 2004, S. 353)

In einer Kita, welche die Resilienz der Kinder fördern und stärken möchte, gibt es angemessene, klare und für alle Beteiligten transparente Regeln und Abläufe. Der Umgang miteinander ist achtsam und respektvoll. Alle Anwesenden in der Kita – Kinder, Eltern und Teammitglieder – sind gleichermaßen wertvoll und wertgeschätzt. Das Lerntempo und ihre Entwicklungsschritte bestimmen die Kinder selbst. Sie dürfen Gelerntes erst festigen, bevor sie den nächsten Schritt gehen. Sie werden nicht zum nächsten Schritt gedrängt.

Für einen resilienzfördernden Umgang mit Kindern sind Feinfühligkeit und Wertschätzung unabdingbar. Die Persönlichkeit des Kindes wird respektiert, wenngleich es klare und durchschaubare Grenzen gibt. In einer akzeptierenden Atmosphäre wird ihm zugetraut, Schwierigkeiten zu bewältigen, Konflikte zu lösen und für Aktivitäten eigene Handlungsstrategien zu entwickeln. So lernen Kinder Verantwortung für sich, ihr Handeln und auch für die Gruppe zu übernehmen. Sie entwickeln soziale und emotionale Kompetenzen.

Die Erzieherinnen in einer Kita sind im Idealfall Vorbilder für alle anderen, zumindest sollten sie sich ihres Vorbildcharakters bewusst sein. Fühlt sich die pädagogische Fachkraft wohl und sicher in ihrer Rolle als Erziehende, wirkt sich dies positiv unterstützend auf alle anderen aus. Handelt sie mit sich und ihrer Umwelt achtsam und feinfühlig, kann sie sowohl die Kinder als auch die Eltern angemessen und stärkend im Alltag begleiten.

2.3 Salutogenese und Kohärenz

Der israelisch-amerikanische Medizinsoziologe Aaron Antonovsky (1923–1994) prägte den Begriff „Salutogenese". Er verwandte ihn als komplementären (gegensätzlichen) Begriff zur sogenannten Pathogenese, also der Lehre, von der Entstehung von Krankheiten. Es wurde also weniger die Frage gestellt, wie Krankheiten zustande kommen, sondern vielmehr die nach den Bedingungen für Gesundheit. Demnach ist Gesundheit nicht als Zustand, sondern als Prozess zu verstehen, bei dem Risiko- und Schutzfaktoren in einer Wechselwirkung stehen.

Ein grundlegender Aspekt der Salutogenese ist das **Kohärenzgefühl** und der Sinn für Kohärenz (Sense of Coherence, Abk. SOC). Der **Sinn für Kohärenz** ist angeboren, während das Gefühl für Kohärenz durch zwischenmenschliche Kommunikation in Beziehungen entsteht.

Das innere Messinstrument des Kohärenzgefühls ist die Empfindungsfähigkeit. Diese zeigt uns, ob und wie unsere Bedürfnisse bezüglich der äußerlichen Bedingungen (angenehm temperierte Räume, Frischluft usw.) und der menschlichen Umgebung (sich wahrgenommen und zugehörig fühlen) befriedigt werden oder nicht. Erfahren Kinder von ihren nächsten Mitmenschen eine positive Resonanz, so wird ihr Bedürfnis nach Zugehörigkeit befriedigt, und es entsteht ein Kohärenzgefühl (Zugehörigkeitsgefühl, erfüllende aufbauende Bindung, ein tiefes Vertrauen). Zugewandte und wertschätzende Kommunikation ist ein bedeutsames Instrument zur Erzeugung eines Kohärenzgefühls.

Deswegen ist die Art und Weise, wie die pädagogischen Fachkräfte mit den Kindern kommunizieren, wann und wie sie diese ansprechen, so bedeutsam. Das Zugehörigkeitsgefühl der Kinder wird gestärkt, indem ihre Anliegen und Ideen ernst genommen werden und respektvoll mit ihnen gesprochen wird. Wichtig ist auch, dass ihre Fragen

und ihre Neugier geachtet und als wichtige Aspekte in der pädagogischen Arbeit gesehen werden. Wie bereits gesagt, wollen alle Menschen in allen Gruppen dazugehören und als ein bedeutsamer Teil der Gemeinschaft gesehen werden. Dies ist ein tiefes menschliches Bedürfnis, denn der Mensch ist ein soziales Wesen. Wenn die Kinder sich in der Kita am Gruppengeschehen beteiligen, wenn sie nach ihren Wünschen gefragt werden und mitentscheiden können, wird das Zugehörigkeitsgefühl eines jeden einzelnen Kindes gefördert. Gleichzeitig brauchen Kinder altersgerechte Aufgaben, durch die sie ihren Beitrag zum Gelingen des Systems und der Abläufe beitragen können.

2.4 Der systemische Ansatz als Methode der Resilienzförderung

Der systemische Ansatz ist eine sehr gute Grundlage, um die Kinder in der Kita bei der Entwicklung einer resilienten Persönlichkeit zu begleiten und unterstützen. Im Folgenden wird daher der systemische Ansatz möglichst praxisnah beschrieben.

Die systemische Familientherapie wurde ab 1950 im Wesentlichen von Nathan Ackermann und seinem Schüler Salvador Minuchin entwickelt. Sie ist der Ursprung des systemischen Ansatzes. Weiterentwickelt wurde der systemische Ansatz durch die Familientherapeutin Virginia Satir (1919–1988) – u. a. durch die Familienskulptur und die Familienrekonstruktion. Virginia Satir wird daher auch als die „Mutter der systemischen Familientherapie" bezeichnet.

„Hinter dem Systemischen Ansatz steht eine bestimmte Art, die Wirklichkeit zu sehen und daraus therapeutische und beraterische Herangehensweisen abzuleiten. Systemisches Arbeiten nimmt nicht das Individuum als defizitär in den Blick, sondern geht davon aus, dass Menschen stets versuchen, sich so an ihre Umwelt anzupassen, dass diese in ein Gleichgewicht kommt, selbst wenn dies oft ein Leiden zum Preis hat.

> Im systemischen Denken kann therapeutisches oder beraterisches Handeln nicht darauf zielen, von außen gesteuerte Veränderungen herbeizuführen, sondern es ist nur möglich, Impulse in ein System zu geben, das dadurch in Bewegung kommt und möglicherweise neue, für alle Beteiligten dienlichere Konstellationen findet."
>
> *(Systemische Gesellschaft. Deutscher Verband für systemische Forschung, Therapie, Supervision und Beratung e. V.: Systemischer Ansatz, veröff. am 06.10.2017 unter www.systemische-gesellschaft.de/systemischer-ansatz/ [15.12.2017])*

Charakteristisch für die systemische Sichtweise ist, dass eine Person nie isoliert gesehen wird. Sie wird vielmehr immer **im Zusammenhang** (Kontext) gesehen mit den Menschen, von denen sie umgeben ist.

> „Was wir als „Wirklichkeit" bezeichnen, entsteht im Dialog, im Gespräch. Das, was wir für wirklich halten, haben wir in einem langen Prozess von Sozialisation und Versprachlichung als wirklich anzusehen gelernt. Die gemeinsame Sichtweise davon, was als „Wirklichkeiten" in einem System erlebt wird, ist sehr weitgehend bestimmend für Glück oder Unglück, Zufriedenheit oder Unzufriedenheit."
>
> *(von Schlippe/Schweitzer, 1998, S. 89)*

Abhängig vom jeweiligen System (Gruppen von Menschen) agieren Menschen immer unterschiedlich. Beispiele für Systeme sind die Familie, der Sportverein, das Team von Arbeitskollegen oder auch die Kitagruppe. Wichtig ist in diesem Zusammenhang, dass jedes System nach eigenen Regeln funktioniert und seine Mitglieder ihre Position darin finden und sich entsprechend verhalten. So gibt es in jeder Gruppe einen Anführer, eine besonders ruhige Person, jemanden, der gern im Mittelpunkt steht, einen Rebellen usw.

Jedes System zeichnet sich durch eigene Wertvorstellungen und Leitsätze (Paradigmen) aus. Dies kann dazu führen, dass ein und dieselbe Person für ein identisches Verhalten in der einen Gruppe Anerkennung erhält, während sie in einer anderen Gruppe dafür verachtet wird. Hier kann bereits eine Resilienzförderung bei den Kindern ansetzen, indem die pädagogischen Fachkräfte die Position eines jeden Kindes in der Gruppe erkennen und anerkennen.

BEISPIEL

Ein Formel-1-Pilot fährt in der höchstmöglichen Geschwindigkeit auf der Rennstrecke, um als Erster durch das Ziel zu fahren und wird dafür bewundert. Dasselbe Verhalten, also äußerst schnelles Autofahren, würde auf der Straße, eventuell im Beisein seiner Familie, vermutlich Ärger und möglicherweise auch Strafen zur Folge haben.

Das erste System, das ein Mensch kennenlernt, ist die Familie. Dieses System beginnt mit einer Beziehung zwischen zwei Menschen.

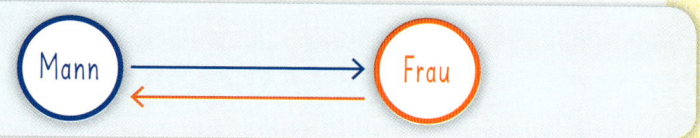

Paarbeziehung
© Beier

Zwei Menschen – ein Mann und eine Frau oder auch ein gleichgeschlechtliches Paar – lernen sich kennen. Am Anfang ist jeder noch unsicher, denn er weiß noch nicht, welche Vorlieben, Wertvorstellungen oder welches Familienbild der Partner hat. So ist erst einmal alles neu.

Menschen versuchen jedoch, vertraute Verhaltensweisen wiederzufinden, um die neuen Erlebnisse mit bekannten Mustern zu verbinden. Manchmal glückt dies, aber manchmal kommt es auch zu Missverständnissen, weil zwei Menschen aus derselben Handlung unterschiedliche Schlüsse ziehen. Daraus können in einer neuen Beziehung entsprechend teilweise unerwartete Äußerungen und Handlungen folgen. Dies beinhaltet für Kinder, die sich in einer Kita eingewöhnen müssen, unendlich viele Herausforderungen. Hier kann eine wertschätzende und einfühlsame Begleitung der pädagogischen Fachkraft die Resilienz des Kindes fördern (siehe Kap. 1, S. 9).

Das Paar und später die Familie kann man sich als Mobile vorstellen.

„Bei einem Mobile kann man alle Elemente, völlig unabhängig von ihrer Größe und Form, in einen Gleichgewichtszustand bringen [...]"

(Satir, 2004, S. 187)

Mobile: Paar   © Beier

Es dauert eine Weile, bis alle Beteiligten ihren Platz gefunden haben und das Mobile ausgewogen hängt.

Jeder Mensch macht seine Erfahrungen mit anderen Menschen – zunächst mit seinen Eltern. Mit der Zeit erweitert sich dieser Kreis um Großeltern, Verwandte, Geschwister, Freunde der Eltern, eigene Freunde, z. B. aus der Kita, aber auch fremde Betreuungspersonen. Alle Erfahrungen, die mit anderen Menschen gemacht werden, werden gesammelt.

In diesem Zusammenhang ist ein Rucksack ein gutes Sinnbild. Man kann sich vorstellen, dass Erfahrungen sozusagen in einem Rucksack gesammelt und überall mit hingenommen werden. So verhalten sich Menschen, die man neu kennenlernt, meistens etwas anders als vertraute Personen. Dadurch werden Erfahrungen erweitert und neue Eindrücke gesammelt, die ebenfalls „in den Rucksack gepackt" werden. Lernt sich ein Paar kennen, so haben sowohl der Mann als auch die Frau sozusagen ein gepacktes Rucksäckchen mit zahlreichen sozialen Erfahrungen dabei. Die bisherigen Erfahrungen werden nun erweitert und angepasst.

„Jedes Mitglied eines Systems ist ein wichtiger Faktor bei der Aufrechterhaltung oder Veränderung des Systemzustands."

(Satir, 2004, S. 187)

2

Besonders deutlich zeigt sich dies bei einem auffälligen Verhalten eines Menschen, das meistens dazu dient, ein bestimmtes soziales System im Gleichgewicht zu halten.

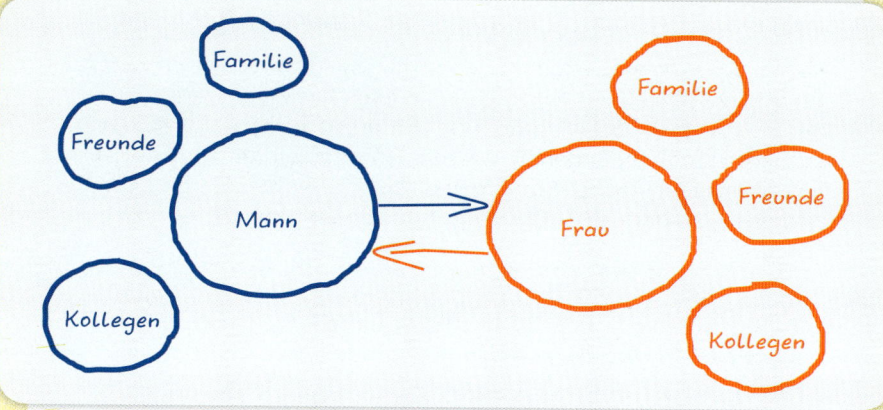

Mann und Frau sind jeweils Teile unterschiedlicher Systeme. © Beier

Es ist immer wieder spannend, den Partner oder die Partnerin das erste Mal mit anderen Menschen zusammen zu erleben. So fragt sich z. B. die Frau: „Wie verhält sich mein Mann, wenn wir das erste Mal gemeinsam mit unserem Kind in die Kita gehen? Wie geht er mit mir und unserem Kind um? Wie tritt er gegenüber der Erzieherin auf?"

Manche Menschen verhalten sich allein ganz anders, als wenn ihr Mann/ihre Frau oder fremde Personen dabei sind. Und es gibt auch Menschen, bei denen kein Unterschied zu bemerken ist.

Jedes Verhalten macht Sinn, wenn man den Kontext, also den Zusammenhang, kennt, in dem es stattfindet.

Dies ist eine der Grundannahmen des systemischen Ansatzes. So ist es möglich, dass sich jemand in dem einen System ganz anders verhält als in dem anderen. So hat im System „Paar" ein Mensch einen anderen Platz, andere Aufgaben und andere Regeln zu beachten als in der Familie, am Arbeitsplatz oder im Freundeskreis.

Bekommt ein Paar ein Kind, hat dies zahlreiche Veränderungen zur Folge – wie bei einem Mobile, wenn es um ein Teil erweitert wird. Aus dem Paar, das eine Zweierbeziehung führt, wird eine Familie mit drei Personen. Aus Mann und Frau werden zusätzlich Mutter und Vater. Die Frau registriert nun, wie der Mann mit ihr als Mutter umgeht. Sie bemerkt, dass sich der Mann ihr gegenüber vielleicht anders verhält, wenn das Kind dabei ist. Dies löst bei ihr entsprechende Gefühle aus. Des Weiteren erlebt sie ihren Mann als Vater und registriert, wie er mit dem Kind umgeht. Das Gleiche erlebt der Mann umgekehrt mit seiner Frau.

Das Kind wiederum bekommt genau mit, wie die Mutter sich ihm gegenüber verhält, wenn beide allein sind und wie ihr Verhalten ist, wenn der Vater dabei ist (umgekehrt natürlich auch). Außerdem registrieren Kinder sehr genau, wie ihre Eltern sich ihnen gegenüber verhalten, wenn andere Menschen da sind, z. B.: Wenn meine Oma zu Besuch ist, darf ich Süßes essen, sonst eher nicht.

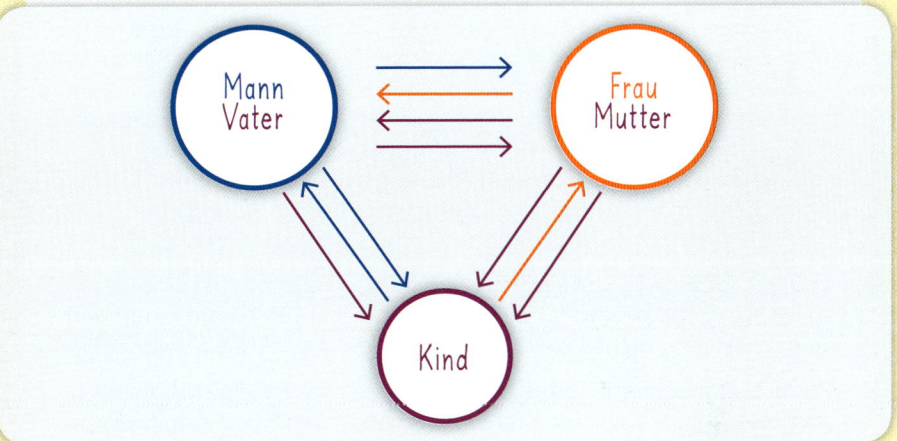

Aus einem Paar werden Eltern, eine Familie entsteht.   © Beier

Wenn die Familie um ein zweites, drittes Kind wächst, wird das hier beschriebene Beziehungsgeflecht erweitert und noch komplexer. Denn jeder nimmt jedes Familienmitglied in allen Rollen bzw. Positionen wahr: Die Mutter registriert die Beziehung zwischen Vater und dem zweiten Kind und umgekehrt, und gleichzeitig zwischen den einzelnen Kindern untereinander und zu sich selbst.

Was hier am Beispiel der Familie erläutert wurde, gilt für alle Systeme, so auch für die Kita: die Kleinteams, das gesamte Team, die Gruppe, das ganze Haus. Kommen neue Kinder

Mobile: Familie   © Beier

in die Gruppe, so ändert sich diese. Es ist aber auch sehr genau zu merken, wenn ein Kind fehlt, da sich die Gruppe in diesem Fall anders verhält.

BEISPIELE

* *In der Kitagruppe wird ein Kind, das im Rollstuhl sitzt, von den Eltern wegen einer Erkrankung für zwei Tage entschuldigt. Dies wirkt sich auf die ganze Gruppe aus. Eventuell kommt die persönliche Assistenz des Kindes mit Behinderung dann ebenfalls nicht oder sie hat Zeit für andere Kinder.*

* *Beim Bringen ihrer Kinder sind die Eltern zunächst noch mit im Raum. Diese Kinder und auch die Erzieherinnen sowie auch die bereits anwesenden Kinder verhalten sich dann anders, als wenn keine Eltern anwesend sind. Manchmal weinen die Kinder beim Abschied, aber sobald die Eltern den Raum verlassen, spielen sie zufrieden. Das Weinen macht Sinn im Kontext des Familiensystems. Hier kann es der tatsächliche Trennungsschmerz des Kindes sein, der das Weinen auslöst, vielleicht weil es weiß, dass seine Mutter mit dem jüngeren Geschwisterkind wieder nach Hause geht. Vielleicht weint es aber auch, weil es die Zerrissenheit oder das schlechte Gewissen des Elternteils spürt. Dieses Verhalten wird im System der Kindergruppe nicht mehr gebraucht.*

Betrachtet man diese Beispiele, so erleben Erzieherinnen täglich, dass das jeweilige Verhalten der Kinder vom Zusammenhang abhängig ist, in dem es stattfindet, und diesem entsprechend Sinn macht.
Um zum Bild des Mobiles zurückzukommen: Eine jede Veränderung zeigt sich sofort: u. a. durch Bewegung im System, denn alle Beziehungen hängen zusammen.

AUFGABE allein

Wählen Sie ein Kind aus Ihrer Gruppe aus. Beschreiben Sie den jeweiligen Platz und die jeweilige Rolle dieses Kindes
* in der Kindergruppe,
* in seinem engeren Freundeskreis,
* im System mit den Gruppenerziehern. Überlegen Sie: Wie agiert und reagiert dieses Kind in den jeweiligen Zusammenhängen? Arbeiten Sie die Unterschiede oder Übereinstimmungen heraus.

AUFGABE im Team

Jedes Teammitglied stellt seine Beschreibung (s. o.) in der Dienstbesprechung vor. Gemeinsam werden die Wahrnehmungen überprüft: Wo eröffnen sich unterschiedliche Wahrnehmungen bei gleichen Situationen?

Überblick über systemische Grundannahmen

Der systemische Ansatz kann dabei helfen, menschliches Verhalten besser zu verstehen. Dies ist auch für die Resilienzerziehung von großer Bedeutung, denn nur wenn die pädagogische Fachkraft das Verhalten eines Kindes richtig einzuordnen weiß, kann sie angemessen darauf reagieren und das Kind auf diese Weise stärken.

Dem systemischen Ansatz liegen folgende Grundannahmen zugrunde:

1. Jedes Verhalten macht Sinn, wenn ich den Kontext verstehe

„Alles Werdende aber hat notwendig irgendeine Ursache zur Voraussetzung, denn ohne Ursache kann unmöglich etwas entstehen."

(Platon, 427 v. Chr.unter http://www.gavagai.de/zitat/antike/HHC05.htm, übers. v. Otto Apelt [21.03.2018])

Der folgende Grundsatz ist für den systemischen Ansatz kennzeichnend: Jedes **Verhalten macht Sinn**, wenn ich den Kontext verstehe. So beschreibt der systemische Ansatz, dass sich Menschen in verschiedenen Systemen entsprechend ihrer Position und Rolle bzw. der diesbezüglichen Erwartungen verhalten. Wenn in der Kita ein unangemessenes oder auffälliges Verhalten eines Kindes von den pädagogischen Fachkräften im Zusammenhang betrachtet wird, erklärt sich oft vieles.

2

BEISPIELE

Das Beispiel der Eingewöhnung mit Hendrik zeigt dies ganz deutlich (s. Kap. 1, S. 10). Die Mutter verabschiedet sich von Hendrik und gibt ihm eindeutig zu verstehen, dass er bei Elke bleiben dürfe und dort gut aufgehoben sei. Die Mutter vertraut Elke und dies spürt Hendrik. Er fühlt, dass seine Mutter nicht eifersüchtig ist, wenn er sich bei Elke wohlfühlt. Das ist der Zusammenhang, der sowohl das ruhige und gelassene Verhalten der Mutter als auch die Hinwendung des Kindes zur Erzieherin erklärt.

Verhält sich ein Kind oder auch ein Erwachsener auffällig oder unverständlich, kann sich die pädagogische Fachkraft folgende Fragen stellen:

* Was hat das Kind/die Person von seinem/ihrem Verhalten?
* Welchen Vorteil hat es/sie davon?
* Was würde dem Kind/der Person fehlen, wenn es/sie dieses Verhalten ablegen würde?
* Wem nützt dieses Verhalten?
* In welchem System, also im Beisein welcher Personen, wird das Verhalten gezeigt?
* Wofür könnten die anwesenden Personen dieses Verhalten benötigen? Was haben sie davon?
* Inwiefern trägt dieses Verhalten dazu bei, das entsprechende System zu stabilisieren?

Betrachten die pädagogischen Fachkräfte ein Verhalten auf diese Weise, so können sie Zusammenhänge herstellen und Ursachen für ein Verhalten finden. Die gewonnenen Erkenntnisse dienen dazu, die nächsten pädagogischen Handlungsschritte abzuleiten. Mit dem Erkennen der Ressourcen können die Lösungsideen der Kinder einbezogen werden. Hiermit können pädagogische Fachkräfte die Resilienz stärken. Wenn Erzieherinnen allerdings den Sinn eines Verhaltens nicht verstehen, werden ihre Reaktionen unangemessen und voraussichtlich wirkungslos sein.

AUFGABE allein

In welchen Situationen Ihres Kita-Alltags haben Sie sich über ein Verhalten oder die Reaktion eines Kindes gewundert? Überlegen Sie, in welchem sinnvollen Zusammenhang dieses Verhalten stehen könnte. Welche geänderten Konsequenzen ergeben sich aus Ihren Erkenntnissen über den Sinn des Verhaltens? Welche Änderungen Ihres pädagogischen Handelns könnten Sie im Sinne eines resilienzfördernden Verhaltens daraus ableiten?

AUFGABE im Team

Beschreiben Sie eine Situation aus dem Team, z. B. aus der Teambesprechung oder aus Ihrem Kita-Alltag, in der Sie sich über ein bestimmtes Verhalten/eine bestimmte Reaktion gewundert haben und ratlos zurückblieben. Überlegen Sie gemeinsam: Welche Hintergründe könnte das Verhalten der Beteiligten haben und in welchem Zusammenhang sehen Sie es? Wie könnte ein ressourcenorientierter Umgang damit aussehen, der die Resilienz der betroffenen Person stärkt? Die einzelnen Kommentare sollen ohne Bewertung bleiben.

2. In der Beschreibung liegt die Lösung

Im systemischen Ansatz gibt es den Grundsatz, dass in der Beschreibung des Problems dieses deutlicher wird. Gleichzeitig offenbart sich bereits beim Beschreiben schon die Lösung.
Dieses Phänomen kennen die meisten Menschen aus eigener Erfahrung: Wenn Sie bei einer Entscheidung unsicher sind und z. B. mit Ihrer Freundin darüber sprechen und ihr die Situation erklären, dann klärt sich Ihre Frage oftmals „wie von selbst".

Fallbeispiel

Max (zwei Jahre) beginnt mit einem Ball im Gruppenraum zu spielen. Ein Tisch ist bereits mit Geschirr für das Mittagessen gedeckt. Erzieher Frank befürchtet, dass der Ball auf den Tisch fliegen und Geschirr kaputtgehen könnte.

2

VARIANTE A

Frank löst sein Problem ohne Diskussion, indem er Max das Ballspielen verbietet.

VARIANTE B

Frank geht zu Max, kniet sich hin und beschreibt dem Kind sein Problem (seine Sorge):

> *„Max, ich sehe, du spielst grad mit dem Ball."*

„Ja, macht voll viel Spaß!"

> *„Max, ich habe ein Problem damit, dass du jetzt hier im Gruppenraum mit dem Ball spielst. Siehst du den Tisch mit dem Geschirr drauf?"*

„Klar, das ist fürs Mittagessen."

> *„Genau. Ich möchte, dass das Geschirr heil bleibt, wir brauchen es ja gleich.*
> *Wenn du hier mit dem Ball spielst, habe ich Angst, er landet auf dem Tisch und Geschirr geht kaputt. Ich kann gleichzeitig verstehen, dass du mit dem Ball spielen willst. Hast du eine Idee, wie wir beide bekommen, was wir möchten?"*

„Ich spiele einfach auf dem Flur", sagt Max und geht zufrieden mit seinem Ball aus dem Raum.

Bei keinem Problem gibt es die *eine* Lösung für alle. Jeder Mensch findet bei einem Problem seine eigene Lösung, und nur diese Lösung kann erfolgreich umgesetzt werden. Erzieherinnen können den Eltern und Kindern helfen, ihre eigene Lösung zu finden. Durch **gezielte Fragen** (offen und zirkulär) fordern sie die Eltern oder Kinder auf, ihr Problem zu benennen und zu beschreiben (Mutter: „Unsere Tochter trödelt morgens, weil sie nicht in die Kita will.", Kita-Kind: „Ich wollte aber auch mit dem Dreirad fahren!"). Durch offene Fragen ermuntern sie die Eltern, sich noch einmal an die Situation zu erinnern und diese zu beschreiben: *„Beschreiben Sie bitte mal, was genau am Morgen passiert." „Wie ist der Ablauf morgens, bevor Sie in die Kita kommen?",* *„Erinnere dich noch mal an vorhin: Beschreibe mir mal, wie die Situation war, als du Dreirad fahren wolltest."*

Das zirkuläre Fragen ist eine systemische Methode, die den Blick über die reine Information hinaus auf die Beziehungen der Beteiligten zueinander zu erweitern. Außerdem verdeutlicht diese Art zu fragen, dass das Verhalten in einem Zusammenhang mit dem **Beziehungsgefüge** steht. Durch **zirkuläre Fragen** wird den Eltern und Kindern ein Perspektivwechsel ermöglicht: *„Wie würde Ihre Tochter den Ablauf am Morgen beschreiben?", „Ach so, Karl hatte das Dreirad. Was denkst du, würde Karl die Situation genauso wie du erzählen?".* Um diese Frage zu beantworten, muss die Mutter sich in ihre Tochter bzw. das Kind sich in Karl hineinversetzen, sie müssen sich hineinfühlen, wie es ihrem Gegenüber in der entsprechenden Situation geht. Gedanklich kann auch eine dritte Person hinzugeholt werden: *„Wie verhält sich Ihr Mann, wenn Ihre Tochter morgens trödelt?", „Was denkst du, würde dein Freund Manuel in solch einer Situation machen?".* Durch diese Frage betrachtet die Mutter bzw. das Kind die Situation aus der Sicht ihres Mannes/seines Freundes und die Mutter kann die Beziehungsstruktur zwischen Vater und Tochter erkennen. Der Junge kann durch den Perspektivwechsel entdecken, dass es noch andere Lösungswege gibt.

Bei ihrer Gesprächsführung achten die pädagogischen Fachkräfte darauf, eng am Thema zu bleiben und folgen dem Prozess im Gespräch. Nach der Beschreibung der Situation bzw. des Problems ist der Blick dabei lösungs- und ressourcenorientiert.

Den Fokus darauf zu lenken, was eine Familie oder in Kind *nicht* kann, ist sinnlos. Es schwächt die betroffenen Personen, wodurch es ihnen viel schwerer fällt, mit voller Kraft nach einer Lösung zu suchen. Der Blick auf die Stärken bewirkt Zuversicht und verleiht Kraft für eine positive Veränderung. Wenn sich Kinder ihrer Stärken und Möglichkeiten bewusst sind, werden sie resilienter, sie trauen sich eher eine Bewältigung von Problemen zu.

> „Zentral ist die Annahme, dass jedes System bereits über alle Ressourcen verfügt, die es zur Lösung seiner Probleme benötigt — es nutzt sie nur derzeit nicht."
>
> (von Schlippe/Schweitzer, 1998, S. 124)

Fähigkeiten und Kompetenzen können gefunden werden, indem gemeinsam eine Lösung erarbeitet wird.

> „Lösungsorientiertes Denken steht im pragmatischem Gegensatz zu Defizit-Konzepten ...“
>
> *(von Schlippe/Schweitzer, 1998, S. 124)*

Pädagogische Fachkräfte erleben es oftmals als sehr entlastend, wenn der Druck weg ist, einer Familie oder Kollegin eine Lösung für ein Problem präsentieren zu müssen. Jeder Mensch trägt selbst die Verantwortung für das Entwickeln eigener Lösungsstrategien und deren Umsetzung. Dies gilt selbstverständlich auch für Kinder. Diese brauchen vor allem das Zutrauen von Erwachsenen, dass sie selbst eine Lösung für ein Problem finden und diese umsetzen können. Sie brauchen Gelegenheiten, Zeit und eine angemessene Begleitung, die ihnen Freiraum lässt und auch unkonventionelle Lösungen akzeptiert. Mit jeder gefundenen Lösung stärken sie ihre Resilienz und Handlungsfähigkeit.

Im einführenden Beispiel, in dem es um die Eingewöhnung von Hendrik ging (s. Kap. 1, S. 12), ist es auch hier für die Erzieherin entlastend, dass sie nicht wissen muss, was Hendrik bei der Trennung von seiner Mutter hilft. Hendrik kann seine Gefühle und Bedürfnisse noch nicht verbal äußern. In Variante D beobachtet Elke feinfühlig Hendriks nonverbale Botschaften und reagiert responsiv (reagierend, eine Reaktion zeigend) darauf.

3. Ratschläge sind auch Schläge

Ratschläge sind auch Schläge: Dieser Grundsatz ist für den systemischen Ansatz charakteristisch, denn Ratschläge kommen immer von oben herab und signalisieren beispielsweise einem kleinen Kind: „Ich weiß es besser als du, deshalb kann ich dir einen Ratschlag geben“. Die Folge kann sein: Das Kind fühlt sich unterlegen, reagiert eventuell mit Abwehr und hört auf, sich selbst Gedanken zu machen. Auf diese Weise wird die Widerstandskraft geschwächt statt gestärkt. Eine weitere mögliche Folge von Ratschlägen ist, dass der mit Ratschlägen „Geschlagene“ diese nicht annimmt.

BEISPIELE

* *Marie sitzt in der Kita-Gruppe und sagt quengelig: „Mir ist so langweilig!" Die Erzieherin antwortet: „Wir können doch ein Buch anschauen, das mit den Tierbabys magst du doch gern." „Nee, keine Lust." „Spiel doch mit Klara in der Puppenecke." „Nö, Klara ist doof." „Du kannst ja ein Bild für deine Eltern malen." „Nein, Malen ist langweilig." Dieser Dialog lässt sich unendlich fortsetzen. Keiner dieser Vorschläge/Ratschläge findet Zustimmung. Eine der Ursachen hierfür ist, dass die Erzieherin sich Gedanken für einen anderen Menschen macht. Das klappt selten bis gar nicht. Marie muss vielmehr lernen, ihre Langeweile selbst zu bewältigen, indem sie darüber nachdenkt, wozu sie wirklich Lust hat. Auf diese Weise bekommt sie ein gutes Gefühl für ihre eigenen Wünsche und lernt, diese umzusetzen.*

* *Auch das kennen viele wahrscheinlich aus eigener Erfahrung. Wie reagiert ein Kind in der Kita, wenn Sie ihm Ratschläge geben? „Ich bin ganz traurig, weil Jan umzieht und dann nicht mehr in unsere Kitagruppe kommt." „Na ja, nicht traurig sein, es kommt bestimmt ein nettes neues Kind." Die Frage ist, ob dem traurigen Kind derartige Äußerungen weiterhelfen. Wahrscheinlich ist dies nicht der Fall.*

Es kommt vor, dass diejenigen, die um Rat gefragt haben, den Ratschlag ausprobieren – vielleicht in guter Absicht, vielleicht auch schon mit dem Gefühl: Das klappt sowieso nicht.
Der Beratene kann die Empfehlung nicht umsetzen und kommt zum Ratgeber zurück mit der Erwartung, weitere Ratschläge zu erhalten.

Auf Ratschläge kommt oft eine Antwort, die mit der Formulierung „Ja, aber ..." eingeleitet wird. „Ja, das habe ich schon ausprobiert, aber ...", „Ich habe es ja versucht, aber ..."
Sie werden so etwas bestimmt schon gehört haben:

„Ich will so gerne bei Paula und Malin mitspielen."
„Dann frag sie doch, ob du mitspielen darfst."
„Ja, habe ich doch schon, aber sie haben ‚Nein' gesagt."
„Dann frag halt noch mal."
„Habe ich gemacht, aber sie haben wieder ‚Nein' gesagt."
„Okay, dann setz dich doch einfach dazu."
„Aber dann schubsen sie mich bestimmt weg."

Ratschläge signalisieren dem Kind: Du kannst selbst keine Lösung finden und dieses widerspricht einem resilienzfördernden Verhalten. Die Antwort **„Ja, aber ..." heißt „Nein"**! Wenn diese Antwort zu hören ist, so ist dies ein guter Hinweis darauf, dass ein Ratschlag gegeben wurde.

Betrachtet man das Eingewöhnungsbeispiel mit Hendrik (Kap. 1, S. 10), so zeigt sich, dass die Wirkungslosigkeit von Ratschlägen oder ablehnende Reaktionen auf Vorschläge unabhängig vom Alter sind. Durch seine Reaktion zeigt Hendrik deutlich, dass Ratschläge wenig hilfreich sind. Elke versucht, ihn abzulenken: *„Schau mal, da ist die Eisenbahn. Damit hast du doch eben so schön gespielt."* Hendrik weint und dreht sich weg. Daraufhin geht sie mit ihm auf dem Arm von der Tür weg zum Fenster und macht den nächsten Vorschlag: *„Schau mal, Hendrik, da sind ganz viele Kinder draußen im Garten, siehst du sie?"* Hendrik weint und dreht sich in Richtung Tür. Ein weiterer Vorschlag als Ablenkungsversuch: *„Schau mal, Hendrik, möchtest du das Buch mit mir anschauen?"* Hendrik reagiert nur kurz und weint weiter.

Bei einem feinfühligen und respektvollen Umgang mit Kindern jeden Alters sind Ratschläge überflüssig und sogar fehl am Platz. Durch Ratschläge werden die Kinder in eine Richtung manipuliert, eigene Ideen der Kinder werden verdrängt und gehen schlimmstenfalls ganz verloren. Außerdem wird durch das Erteilen von Ratschlägen verhindert, dass die Kinder eine Herausforderung annehmen und selbst nach Lösungen suchen. Und genau diese Herausforderungen zu meistern, fördert die Resilienz des Kindes.

AUFGABE allein

Denken Sie an den Tag, der hinter Ihnen liegt: Welche Ratschläge haben Sie gegeben? In welchen Situationen haben Sie ein „Ja, aber ..." gehört? Was hätten Sie stattdessen sagen können, um die Kinder zu ermutigen, nach eigenen Lösungen zu suchen?

AUFGABE im Team

Benennen Sie Situationen in Ihrem Berufsalltag, in denen es Ihnen insbesondere gegenüber den Kindern schwergefallen ist, auf Ratschläge zu verzichten. Suchen Sie gemeinsam nach alternativen Formulierungen, die dazu anregen, eigene Wege zu finden.

3 Wege der Resilienzförderung in der Kita

Ein resilienzfördernder Umgang mit Kleinst- und Kleinkindern ist natürlich – wie jeder Kontakt – nur mittels Kommunikation möglich. Es hängt dabei entscheidend von einer wertschätzenden, urteilsfreien Sprache ab, ob ein Kind sich akzeptiert fühlt und wohlwollendes Interesse an seiner Person spürt. Im Folgenden werden einige methodische Anregungen erläutert, die eine resilienzfördernde Kommunikation erleichtern.

3

3.1 Resilienzförderung durch Kommunikation

Präzises und wertfreies Formulieren

„Die Sprache ist Quelle der Missverständnisse."

(Antoine de Saint-Exupéry, Herder Verlag, 1985, S. 66)

Missverständnisse entstehen in der Regel durch sprachliches Handeln. Aber die Sprache kann auch dazu dienen, diese Missverständnisse wieder aufzulösen.

Menschliche Kommunikation findet durch ein Zusammenspiel von verbaler Sprache (Worte) und nonverbaler Sprache (Mimik, Gestik, Tonfall) statt. Um in der Kommunikation mit anderen Menschen Missverständnisse zu vermeiden, sollte auf eine präzise, kongruente Ausdrucksweise Wert gelegt werden. Verständigung gelingt besser, wenn sich die Gesprächsteilnehmer/-innen klar und verständlich ausdrücken. Auch Körpersprache und Tonfall passen in diesem Fall zum Gesagten und den ausgedrückten Gefühlen.

Im Kita-Alltag gibt es viele Situationen, die zu Unstimmigkeiten und Missverständnissen führen können.

BEISPIELE

* *Die Kinder räumen trotz Aufforderung nicht auf.*
* *Die Kinder stören durch Herumspringen und Schreien den Morgenkreis.*
* *Manche Kinder verhalten sich beim Essen unruhig, stehen auf und stören die anderen Kinder.*
* *Einige Kinder verweigern das Anziehen der Regenhose.*

Hier ist eine Überprüfung der gesamten Situation bei einer Reflexion notwendig. Daraus können veränderte Handlungsschritte, Abläufe oder klarere Ansagen entwickelt werden. Missverständnisse können Hinweise auf ungünstige Abläufe oder unklare Wortwahl sein. Im

Sinne von Resilienzförderung müssen Kinder den Sinn und Zusammenhang von Anforderungen verstehen.

Viele Erzieherinnen kennen folgenden Spruch: „Es gehören immer zwei Personen dazu, damit Konflikte entstehen": eine, die Grenzen überschreitet oder Absprachen nicht einhält, und eine, die diese Grenzüberschreitung zulässt.

Es ist unbedingt notwendig, selbstkritisch zu reflektieren, was der eigene Anteil bei Unstimmigkeiten oder Regelverstößen ist. Selbst wenn die Regeln klar definiert sind – z. B. die Kinder sollen im Morgenkreis ruhig sitzen, zuhören, Rücksicht auf die anderen Kinder nehmen und sich an den Spielen oder Aufgaben beteiligen – fällt es einigen pädagogischen Fachkräften schwer, diese Regeln den Kindern gegenüber durchzusetzen. Dafür gibt es natürlich verschiedene Gründe:

* die Sorge, unfreundlich zu wirken oder sein,
* Angst vor der Reaktion der Kollegen und Kolleginnen in der Gruppe (Sorge vor Kritik),
* Unsicherheit im Umgang mit den Kindern,
* zu wenig Unterstützung durch die Gruppen-Kollegen und -Kolleginnen („Die andere Kollegin macht es ja genauso ...") oder die Leitung,
* fehlende Klarheit,
* fehlende Ideen für andere Formulierungen,
* fehlenden Ideen oder Offenheit für andere Abläufe,
* mangelnde Motivation durch Überlastung,
* Angst vor Veränderungen („das haben wir immer schon so gemacht und so bleibt es auch").

Was können pädagogische Fachkräfte tun, um durch eine **klare Kommunikation** die Resilienz der Kinder zu fördern? In diesem Zusammenhang ist eine **klare** und **sachliche Sprache** wichtig. Je *früher* ein Ärgernis angesprochen und benannt wird, desto leichter fällt es der pädagogischen Fachkraft, den Kindern gegenüber freundlich und sachlich zu bleiben. Wenn diese sich schon wochenlang über das Kind, das ständig den Morgenkreis stört, geärgert hat, wird ihr Ärger durch Betonung, Körperhaltung und Mimik auf jeden Fall zum Ausdruck kommen. Eine sachlich korrekte Wortwahl ist aber unbedingt erforderlich, wenn Konflikte oder Unstimmigkeiten angesprochen werden. Hat sich bei der pädagogischen Fachkraft der Ärger über das Verhalten eines Kindes seit langem angestaut, werden die – wahrscheinlich sachlich korrekten – Worte jedoch durch die Stimmlage und Mimik überdeckt. Das Kind nimmt den Ärger des Gegenübers wahr, weniger die verbale sachliche Botschaft. Infolgedessen fühlt sich

3

das Kind abgelehnt und ausgegrenzt. Das widerspricht seinem Wunsch nach Zugehörigkeit/Kohärenz. Das Kind ist dann nur noch damit beschäftigt, seine Bedürfnisse (nach Zugehörigkeit zur Gruppe und Anerkennung als ein wertvolles Mitglied) erfüllt zu bekommen und deshalb nicht mehr in der Lage, eigene sinnhafte Lösungswege zu entwickeln.

Fallbeispiel

Die Erzieherin Annelie spricht Mara (fünf Jahre) in einem ruhigen Moment an:

Annelie: „Mara, ich möchte mit dir etwas besprechen: Ich habe vorgestern und gestern gesehen, dass du im Morgenkreis mehrmals aufgestanden und innerhalb des Stuhlkreises herumgegangen bist, als alle anderen Kinder auf ihren Stühlen saßen. An beiden Tagen hast du außerdem deine Sitznachbarn angesprochen und angestupst. Daraufhin haben sie zu dir geschaut, und das hat sie vom Geschehen im Morgenkreis abgelenkt. Mich hat das sehr gestört, weil ich meine Ansprache unterbrechen musste, um dich aufzufordern, dich wieder hinzusetzen."

Mara: „Ja, ich erinnere mich, ich konnte einfach nicht mehr stillsitzen."

Annelie: „Hat es dir zu lange gedauert?"

Mara: „Ja, ich fand es langweilig und wollte lieber mit meiner Freundin spielen."

Annelie: „Okay, das verstehe ich. Gleichzeitig möchte ich den Morgenkreis weiterhin machen. Ich überlege mal, ob ich ihn kürzer machen kann. Gleichzeitig bleibt es dabei, dass ich nicht gestört werden möchte. Du kennst die Regel, dass du den Morgenkreis mitmachen oder leise rausgehen und dich an die Seite setzen kannst, wenn du nicht mitmachen möchtest."

Mara: „Dann möchte ich aber mit meiner Freundin spielen, sonst ist mir langweilig."

Annelie: „Das geht nicht, du kannst mitmachen oder aus dem Kreis gehen."

Mara: „Dann will ich aber mit dem Glockenspiel spielen."

Annelie: „Auch das geht nicht, wenn du den Kreis nicht mitmachen möchtest, ist das okay, wenn du rausgehst. Bedingung bleibt, dass du andere, die mitmachen möchten, nicht stören darfst."

Mara: „Okay, ich überleg es mir."

In den meisten Fällen führt eine solch klare, eindeutige und gleichzeitig freundlich bestimmte Ansprache zu Erfolg.

Die schwerste aller Sprachen ist der Klartext.

Dieser humoristische Ausspruch hat einen wahren Kern: So fällt es vielen Menschen schwer, klar zu sagen, was sie wollen und dabei freundlich zu sein. Dies gilt auch für manche Erzieherinnen in der Kitagruppe, die bei Regelverstößen der Kinder angemessen reagieren müssen. Da es teilweise schwierig ist, eine unangenehme Botschaft oder eine Aufforderung zu einem bestimmten Handeln angemessen zu formulieren, werden sowohl im privaten als auch im beruflichen Alltag oftmals abschwächende Formulierungen mit „eigentlich" oder „vielleicht" verwendet, siehe hierzu Kapitel „Verwendung des Wortes „eigentlich".

BEISPIELE:

✳ *„Eigentlich wollten wir jetzt aufräumen."*

✳ *„Eigentlich beginnt jetzt der Morgenkreis."*

✳ *„Eigentlich darfst du nur zwei Sachen auf dein Brot tun."*

✳ *„Julian, kannst du vielleicht deine Brottasche holen?"*

✳ *„Eigentlich sollst du dir das Glas nur halbvoll einschenken."*

Forderungen oder Aussagen werden durch derartige Formulierungen eingeschränkt. Des Weiteren wird der Weg für Regelverstöße geebnet, denn der Morgenkreis beginnt ja nur *eigentlich* jetzt sofort. Das impliziert, dass der Kreis ja auch später anfangen könnte.
Die oben aufgeführten Anweisungen oder Aufforderungen sind unklar und unpräzise, die Kinder können zu dem Schluss kommen, dass diese doch nicht wirklich ernst gemeint sind. Daher ist ihnen unklar, wie sie sich in den konkreten Fällen zu verhalten haben.

3

Bezogen auf die oben genannten Beispiele könnte eine klare Aussage folgendermaßen aussehen:

BEISPIELE

* „Wir räumen jetzt auf.“

* „Der Morgenkreis beginnt jetzt.“

* „Du darfst dir zwei Sachen für dein Brot aussuchen.“

* „Julian, hole deine Brottasche, wir fangen mit dem Frühstück an.“

* „Schenk dir das Glas halbvoll ein.“

Im Kita-Alltag finden werden oftmals noch weitere Formulierungen verwendet, mit denen Aussagen oder Forderungen der pädagogischen Fachkräfte abgeschwächt werden.

BEISPIELE

* „Aua, du hast mich geboxt, das hat wehgetan. Na ja, so schlimm ist das ja auch wieder nicht.“

* „Jetzt hast du eine Seite aus dem Buch gerissen. Na ja, das kriegen wir schon wieder hin.“

* „Oh, jetzt ist das Glas kaputt! Ist nicht so schlimm.“

* „Das war mein letztes Stück. Aber macht ja nix.“

Wenn diese Sätze ernst gemeint sind, also beispielsweise ein bestimmter Vorfall wirklich nicht schlimm ist, dann kommt dies bei dem Kind auch so an. In diesem Fall ist eine ehrliche Aussage formuliert worden. Wird ein Vorfall dagegen doch als schlimm empfunden, aber das Gegenteil gesagt, kann das Kind davon ausgehen, dass alles gut ist, obwohl es die Diskrepanz natürlich heraushört. Für ein Kind ist eine solche Doppelbotschaft schwer zu verstehen, es ist irritiert: Was stimmt denn nun – die Worte oder das Gefühl? Dies kann zu einer Verunsicherung des Kindes führen, die im Rahmen der Resilienzförderung möglichst vermieden werden sollte.

AUFGABE allein

Überlegen Sie, in welchen Situationen es Ihnen in der Kita-Gruppe schwerfällt, Klartext zu reden. Wann fällt es Ihnen leicht, eindeutig und gleichzeitig wertschätzend im Kontakt mit den Kindern zu sein? In welchen Situationen haben Sie Probleme, klare, wertfreie Worte zu finden? Was würde es Ihnen erleichtern, freundlich und bestimmt zu formulieren, was Sie meinen?

AUFGABE im Team

Sammeln Sie im Team die Situationen, in denen es den Kolleginnen und Kollegen schwerfällt, eindeutige und trotzdem freundliche Formulierungen zu benutzen. Welche Sätze, die gleichzeitig wertschätzend und klar bzw. eindeutig sind, können Sie wählen, um die Kinder zu einem bestimmten Verhalten aufzufordern?

Ansagen – Bitten – Wünsche –Aufforderungen

Nicht nur im Kita-Alltag werden Ansagen oder Aufforderungen als Frage, als Wunsch oder als Bitte formuliert. Meistens geschieht dies in der Annahme, eine klare Ansage sei unfreundlich. In diesem Zusammenhang ist öfter zu hören: „Ich will ja nett zu den Kindern sein" oder: „Ich traue mich nicht, mein Anliegen so klar auszusprechen, das klingt zu forsch". Oder: „Darf ich das so eindeutig sagen?"

Werden Ansagen oder Aufforderungen als Frage, Wunsch oder Bitte formuliert, so geschieht dies meistens, um freundlich zu sein. Manche Erzieherinnen sagen auch: „Ich will ja das Kind nicht so direkt zwingen." Oder: „So direkt zu sagen, was ich will, traue ich mich nicht, das finde ich unfreundlich." Oder: „Wir sollen die Kinder doch mitbestimmen lassen. Darf ich das trotzdem so eindeutig sagen?"

Die pädagogischen Fachkräfte hoffen natürlich, dass die angesprochenen Kinder die Aufforderung oder den Appell hinter diesen abgeschwächten Formulierungen hören und verstehen. Eine entsprechende Reaktion wird in diesen Fällen erwartet, also beispielsweise, dass Julian in Zukunft nur zwei Aufstriche auf sein Frühstücksbrot schmiert. Manchmal klappt das auch, wenn die angesprochenen Kinder den Appell registrieren und bereit sind, entsprechend zu

3

reagieren. Doch in vielen Fällen ist die Reaktion auf solch eine indirekte Aufforderung entweder Ignoranz oder Abwehr. In genannten Beispiel schmiert Julian – die Aufforderung der pädagogischen Fachkraft ignorierend – weiterhin drei und mehr Aufstriche auf sein Brot. Bei Abwehr beginnen die Kinder eine Diskussion über den Sinn oder Unsinn der Aufforderung/Regel, oder sie rechtfertigen ihr Verhalten.

Folgende Beispiele verdeutlichen, wie unklare Formulierungen die Kinder verunsichern können.

BEISPIELE

* *„Es wäre schön, wenn ihr jetzt aufräumen könntet."*
  Diese Formulierung ist keine klare Aufforderung. Es wäre eben „schön", wenn die Kinder aufräumen würden, aber eine Notwendigkeit dazu wird so nicht zum Ausdruck gebracht.

* *„Könnt ihr bitte aufräumen?"*
  Bei dieser Formulierung handelt es sich ganz klar um eine Bitte und nicht um eine Aufforderung. Einer Bitte kann nachgekommen werden, sie kann aber auch abgelehnt werden.

* *„Ich wünsche mir, dass ihr jetzt aufräumt."*
  Mit diesen Worten wird ein Wunsch geäußert. Dieser kann – wie eine Bitte – erfüllt oder abgelehnt werden. Diese Formulierung ist nur dann korrekt, wenn wirklich nur ein Wunsch formuliert wird. Wenn die pädagogische Fachkraft aber will, dass die Kinder jetzt aufräumen, muss sie es anders formulieren: „Gleich beginnt der Morgenkreis, räumt jetzt die Spielsachen auf!"

* *„Ich würde mir wünschen, dass ihr jetzt aufräumt, damit der Morgenkreis beginnen kann."*
  Diese Formulierung ist ein Konjunktiv II, also eine Formulierung, die impliziert, dass die Erfüllung unwahrscheinlich ist. Unklar ist, ob die pädagogische Fachkraft nun einen Wunsch ausspricht oder nicht. Die Chance, dass das Gegenüber darauf positiv reagiert, ist eher gering.

Eine klare Sprache mit eindeutigen Ansagen und kurzen Sätzen bewährt sich im Umgang mit Kindern. Sie empfinden sich als **gleichwertige Gesprächspartner**, mit denen ernsthaft und angemessen gesprochen wird. Natürlich ist ein freundlicher, wertschätzender Tonfall und Kontakt wichtig, damit die Kinder sich angenommen und wohlfühlen.

Manchmal werden im Kita-Alltag Aufforderungen als Frage formuliert: *„Wir gehen jetzt in den Garten, okay?"*, *„Alle Kinder ziehen Regenhosen an, okay?"*.

Doch wie verhält sich die pädagogische Fachkraft, wenn Kinder antworten: „Nein, ich will nicht!"? Wenn sie sich selbst bzw. ihre eigenen Worte und die Kinder ernst nimmt, muss sie auch deren Antwort ernst nehmen und drinnen bleiben. Ansonsten erleben sich die Kinder nicht als wertgeschätztes Mitglied der Gruppe (Kohärenzgefühl, s. Kap. 2.3, S. 23).

Es ist klar, dass solche Fragen nicht ernst gemeint sind, weil es sich eben nicht um Fragen, sondern um Aufforderungen handelt. Daher ist es sinnvoll, diese auch entsprechend zu formulieren: *„Wir gehen jetzt alle raus in den Garten!"*, *„Ihr zieht alle eure Regenhosen an!"*.

Wenn öfter Fragen gestellt werden, auf die keine Antwort erwartet wird, da es sich um Aufforderungen handelt, werden die Kinder mit der Zeit lernen, dass solche Fragen nicht ernst gemeint sind. Sie sind ist verwirrt, weil manche Fragen ernst gemeint sind und manche nicht. Wie sollen – insbesondere jüngere Kinder – erkennen oder wissen, wann sie eine Wahl haben und wann nicht? Resilienz entwickelt sich u. a. im verlässlichen und vorhersehbaren Kontakt zu den Bezugspersonen. Zu diesem gehört auch eine möglichst klare, eindeutige und ernst gemeinte Sprache.

Gibt es keine freie Wahl, sondern nur zwei oder drei Alternativen, ist die offene Frageform unfair.

Es gibt einen Satz, der diese Anregungen schön zusammenfasst: Hüten Sie sich vor Fragen, deren Antwort Sie nicht hören wollen!

Wird also eine Frage (ob offen oder geschlossen) gestellt, so muss die Antwort – wie auch immer diese ausfällt – konsequenterweise akzeptiert werden. Können aber beispielsweise tatsächlich nur zwei Alternativen angeboten werden, bietet sich die Alternativfrage an, z. B.: „Möchtest du Wurst oder Käse auf dein Brot?" Mit der Alternativfrage wird die Wahl eingeschränkt, indem die zur Wahl stehenden Optionen benannt werden. Auf diese Weise zeigt sich die pädagogische Fachkraft verlässlich und klar, denn bevor sie fragt, entscheidet sie, welche Möglichkeiten zur Wahl stehen. Die Kinder bekommen eine klare Orientierung. (Würden ihnen im Gegensatz dazu, Wahlmöglichkeiten vorgegeben, die in der Realität so nicht bestünden, würde sie dies verwirren.). Sie werden aber am Geschehen beteiligt, indem sie zwischen den bestehenden Möglichkeiten wählen können.

AUFGABE allein

Welche Aufforderungen formulieren Sie in Ihrem Gruppenalltag als Fragen oder Bitten? Notieren Sie diese. Überlegen Sie in der Vorbereitungszeit: Wie können Sie eine Aufforderung eindeutig formulieren? Reflektieren Sie sich selbst: Was hindert Sie, eine klare Formulierung zu wählen?

AUFGABE im Team

Die Teammitglieder haben die von ihnen verwendeten Formulierungen in der Frageform notiert und in die Besprechung mitgebracht. Suchen Sie gemeinsam eindeutige Formulierungen. Analysieren Sie auch die jeweiligen Gründe für unklare Äußerungen. Berücksichtigen Sie hierbei den systemischen Grundsatz „Jedes Verhalten macht Sinn" und verzichten Sie auf jegliche Wertung. Überlegen Sie nun gemeinsam, was Sie jeweils brauchen, um sich eindeutig ausdrücken zu können. Dies kann sehr unterschiedlich sein: mal eine Ermutigung durch das Team, mal ausreichende Informationen, z. B. über bestimmte Kinder. Manchmal reicht es zu wissen, dass ein bestimmtes Verhalten im Team akzeptiert ist.

Verwendung des Wortes „eigentlich"

Das Wort „eigentlich" wird in der Alltagssprache sehr häufig verwendet. Meistens geschieht dies mehr oder weniger unbewusst.

BEISPIELE

✳ „Eigentlich müsst ihr noch den Tisch abwischen."

✳ „Wir haben eigentlich nur bis 16.00 Uhr geöffnet."

Auf die Frage „Wie geht es dir?", wird manchmal geantwortet: „Eigentlich ganz gut."
Doch wie es dem Menschen, der diese mit „eigentlich" eingeschränkte Antwort gibt, wirklich geht, bleibt unklar.
Durch die Verwendung des Partikels „eigentlich" wird eine Aussage eingeschränkt. Sie wird hierdurch abgeschwächt, ausweichend, unklar.

> „Das Wort eigentlich führt im Gespräch zu Unklarheit, Interpretationsspielraum und zur Abgabe der Verantwortung für das Gesagte. Ich verlasse damit den mir eigenen Bereich meiner Aussage, meines Standpunktes und deklassiere diesen. Die getroffene Aussage wird abgewertet, vermindert oder sogar verneint."
>
> (Nussholz, Santosh Ralph: Eigentlich ist nur was für Unklare, unter www.gestaltvision. de/component/content/article.html?id=44:eigentlich [15.12.2017])

Verwenden Sie Einschränkungen mit „eigentlich" insbesondere Kindern gegenüber so sparsam wie möglich, um ihnen durch Klarheit eine Verlässlichkeit zu geben. Im Kita-Alltag sind klare Aussagen zielführender und deshalb zu bevorzugen.

Bei der Verwendung des Wortes „eigentlich" lässt sich Folgendes beobachten: Menschen benutzen das Adverb „eigentlich", wenn sie sich unsicher sind und sich nicht festlegen wollen. Auch wer nicht oder nur eingeschränkt hinter seiner Aussage steht, verwendet eine einschränkende Formulierung mit „eigentlich". Und auch Menschen, die sich nicht sicher sind, ob sie eine Aussage klar treffen dürfen oder

3

können, schränken ihre Worte vorsichtshalber mit „eigentlich" ein. Sie nutzen diese Formulierung, um auszuweichen oder wenn Situationen und Rahmenbedingungen unklar sind. So kann sie niemand auf ihre Aussage festnageln.

Fallbeispiel

In der Kita sitzen 20 Kinder an den gedeckten Tischen. Vor jedem Kind stehen ein Teller und ein Glas, Besteck liegt neben dem Teller. Auf jedem Tisch steht je eine Schüssel mit Kartoffeln und Gemüse und eine Platte mit Fleischstückchen. Die Erzieherin Annelore möchte gerade mit dem Tischspruch beginnen, als Maja ihr Besteck in die Hände nimmt und beginnt, damit auf den Tisch zu klopfen. Annelore sagt: *„Maja, eigentlich wollte ich jetzt den Tischspruch mit euch sprechen. Da wünsche ich mir eigentlich, dass du dein Besteck wieder hinlegst."* Maja klopft etwas leiser auf den Tisch und sagt: „Aber mir ist langweilig und den Spruch finde ich blöd." *„Aber ohne den Tischspruch fangen wir eigentlich nicht an zu essen, das weißt du doch eigentlich, oder?"* „Ich habe eigentlich keinen Hunger und den Brokkoli mag ich sowieso nicht." Das kann jetzt eine Weile so weitergehen.

Fazit: Annelore beginnt ihren Satz mit den Worten: *„Maja, eigentlich ..."* Damit schränkt sie schon gleich zu Beginn ihre Aussage ein und öffnet den Raum für eine Diskussion. Im Folgenden benutzt sie die Formulierung: *„Da wünsche ich mir eigentlich ..."*. Diesen Wunsch möchte Maja offensichtlich nicht entsprechen und setzt ihr Verhalten fort. Auch Maja benutzt das Wort eigentlich: „Ich habe eigentlich keinen Hunger..." und lässt damit offen, ob sie etwas essen will oder nicht. Eine eindeutige, klare Aussage von Annelore könnte sein: *„Maja, lege dein Besteck hin, ich beginne jetzt mit dem Tischspruch."*

Im Kita-Alltag werden zahlreiche Sätze verwendet, in denen durch den Gebrauch des Adverbs „eigentlich" eine Aussage eingeschränkt wird.

BEISPIELE

* *„Eigentlich wollte ich mit euch rausgehen."*

* *„Eigentlich dürft ihr euch nicht hauen."*

* „Alle Kinder sollen jetzt am Bastelangebot teilnehmen, du eigentlich auch."

* „Es ist eigentlich verboten, mit Steinen zu werfen."

* „Ihr sollt eigentlich jetzt Zähneputzen."

* „Ihr sollt jetzt eigentlich den Frühstückstisch abräumen."

* „Du bist das Tageskind und sollst jetzt eigentlich zum Aufräumen klingeln."

* „Hört mir eigentlich irgendjemand zu?"

* „Hat eigentlich jemand Lust, ein Buch anzuschauen?"

Auch in der Kita können die Gründe für die Einschränkung durch das Adverb „eigentlich" vielfältig sein.

Erzieherinnen

* sind neu im Team und wissen nicht, wie genau es in der Kita z. B. mit bestimmten Abläufen genommen wird,
* sind Berufsanfänger/-innen und trauen sich noch nicht, den Eltern und Kindern selbstbewusst und klar gegenüberzutreten,
* befürchten, dass die Eltern und Kinder sich sowieso nicht an die Regeln halten,
* befürchten, durch klare Aussagen unfreundlich zu wirken,
* kennen bestimmte Kinder und wollen endlose Diskussionen mit ihnen vermeiden,
* finden den streng geregelten Tagesablauf in der Kita nicht gut oder setzen bestimmte Regeln nur ungern um.

In manchen Fällen wissen Menschen selbst noch nicht genau, was sie (sagen) wollen. Dann kann die schwammige Formulierung mit „eigentlich" ein Ausdruck des Suchens nach einer klareren Formulierung oder des Nachdenkens sein.

Pädagogischen Fachkräfte, die sich darüber klar geworden sind, was sie sagen wollen, können die Einschränkungen durch „eigentlich" weglassen. Verwendet der Gesprächspartner, wobei es sich natürlich auch um ein Kind handeln kann, das Wort „eigentlich", um seine Aussage zu relativieren, so kann dies ein Anzeichen für bestehende Unklarheiten sein. Im Kita-Alltag sollten diese dann von den Fachkräften aufgegriffen und mit dem Kind gemeinsam, z. B. durch responsives Verhalten, geklärt werden.

3

AUFGABE allein

Notieren Sie fünf Sätze aus Ihrem Kita-Alltag, in denen Sie des Öfteren das Wort „eigentlich" verwenden. Überlegen Sie in der Vorbereitungszeit, bei welchen Sätzen Sie das „eigentlich" einfach weglassen können. Was ist der Grund für dessen Verwendung, wenn Sie es nicht weglassen können? Kennen Sie die oben genannten oder die im Beispiel verwendeten Sätze aus Ihrem Alltag in der Gruppe? Welche Formulierung könnten Sie stattdessen wählen?

AUFGABE im Team

Die vorherige Aufgabe wird zunächst allein bearbeitet. Alle Teammitglieder nennen die Sätze, bei denen sie das „eigentlich" nicht weglassen können. Analysieren Sie gemeinsam die jeweiligen Gründe. Da die persönlichen Gründe unbedingt zu akzeptieren sind, sollte dies ohne jede Wertung geschehen. Überlegen Sie nun gemeinsam, was jede/-r von Ihnen braucht, um Einschränkungen mit „eigentlich" weglassen zu können. Die Antworten auf diese Frage können sehr unterschiedlich ausfallen: mal eine Ermunterung, mal eine sachliche Information, mal die Rückendeckung des Teams oder von der Leitung.

Positives Formulieren

Das menschliche Gehirn kann das Wort „nicht" nur schwer verarbeiten. Aufforderungen wie „Schau nicht nach unten" bei Höhenangst oder „Denk bei deiner Diät jetzt bloß nicht immer ans Essen!" funktionieren daher nicht. Da das Gehirn die Negation „nicht" schlecht verarbeiten kann, wird nur „Schau nach unten" bzw. „Denk an Essen" registriert und somit oftmals das Gegenteil des Gesagten erreicht. Durch die Verwendung der Worte „nicht" oder „kein" werden die Kinder irritiert. Diese Irritation führt zu Unsicherheit. Die angesprochenen Kinder wissen nicht sofort, was von ihnen erwartet wird oder was genau sie tun sollen. Im Sinne einer resilienzfördernden Pädagogik sollen Kinder Verlässlichkeit und Stabilität im Sinne von Vorhersagbarkeit erfahren. Das gelingt sehr viel besser mit positiven Formulierungen, weil die Kinder unmittelbar verstehen können, was sie tun oder lassen sollen.

Für alle Aufforderungen gilt daher besonders auch in der Arbeit mit Kindern unter 3 Jahren oder Kita: Formulieren Sie Ihre Aussagen positiv, sonst bleibt bei den Kindern die Negativformulierung hängen, der sie dann Folge leisten. Wenn sie dafür gerügt werden, sind sie irritiert.

Dieses Phänomen kennen viele wohl auch von der sog. **sich selbst erfüllenden Prophezeiung** (engl. self-fulfilling prophecy). Bei dieser wird durch eine negative Formulierung ein Ereignis vorhergesagt bzw. provoziert. Durch eine missverständlich formulierte Aufforderung wird beispielsweise ein Kind erst darauf gebracht, genau das zu tun, was es gerade nicht tun soll.

Fallbeispiel

Dana (4 Jahre) sitzt am Tisch und schneidet eine Banane in Scheiben. Die Erzieherin sagt aufgeregt: *„Dass du dir bloß nicht in den Finger schneidest!"* Durch den aufgeregten Tonfall der Erzieherin wird das Kind irritiert, von seinem Handeln abgelenkt (der Blick geht zur Erzieherin und damit weg von der scharfen Klinge und der Banane) und erst auf die Idee gebracht, dass es sich ja auch beim Schneiden verletzen  könnte (bislang hatte es vor, nur die Banane zu schneiden). Noch extremer ist der Satz: *„Pass auf, du schneidest dich!"* Damit fordert die Erzieherin das Kind (ungewollt) nahezu auf, sich in den Finger zu schneiden. (Danas Aufmerksamkeit, ihr Blick wenden sich der Klinge und ihrem Finger zu, weg von der Banane.) Den Vorgang des Schneidens braucht die Erzieherin nicht zu kommentieren. Sie sagt ruhig: *„Schau gut hin, wo du schneidest!"* Hierbei handelt es sich um eine positive Formulierung, die beim Kind richtig ankommt.

> „Negative Aussagen wie ‚Sprich bitte nicht so laut' sind oft schnell gesagt, weil sie nicht so viel Denkarbeit für denjenigen, der diese Bitte formuliert, erfordern. Wer so formuliert, muss nur daran denken, was er im Moment

3

gerne abstellen bzw. nicht mehr haben möchte, und nicht, was er denn eigentlich stattdessen haben möchte.

(Rubenbauer, Alexander: Warum Sie negative Aussagen durch positive ersetzen sollten, veröff. am 24.02.2012 unter www.alex-rubenbauer.de/psychologie/876/ warum-sie-negative-aussagen-durch-positive-ersetzen-sollten/ [15.12.2017])

Fallbeispiel

In einer Kita gibt es drei Kindergruppen für 3-6 Jährige und zwei Gruppen für Kinder unter drei Jahren. Das Frühstück bringen die Kinder von Zuhause mit. In welchem Ausmaß die Kinder dort gefragt werden, was sie mitnehmen möchten, lässt sich nicht beurteilen. Das entscheiden die Eltern. Teilweise beeinflussen Regeln, welche die pädagogischen Fachkräfte aufgestellt haben, den Inhalt der Brotdosen: z. B. dürfen diese kein Nutella-Brot, kein Weißbrot, keine Süßigkeiten etc. enthalten. Mitgegeben werden soll vielmehr ein gesundes Frühstück, dessen Zutaten nicht näher definiert sind. Auf dem Elternabend erhielten die Eltern eine Liste, auf der stand, was *nicht* in die Brotdose gegeben werden soll. Das klappte mal mehr, meistens aber weniger gut. Daher haben die pädagogischen Fachkräfte im letzten Jahr statt einer Verbotsliste eine Positivliste an die Eltern gegeben. Dort stehen, neben dem Hinweis auf die Notwendigkeit eines gesunden Frühstücks, einige Anregungen, was die Kinder für das Frühstück in der Kita mitbringen sollen, z. B. Obst, rohes, geschnittenes Gemüse, Vollkornbrot mit Wurst oder Käse. Diese klare und positiv formulierte Anweisung macht es den Eltern leichter, die Vorgaben des Kindergartens zu erfüllen und ein gesundes Frühstück mitzugeben.

„Wir verstehen ‚Nicht-Sätze' schwieriger, da wir uns zuerst die gegenteiligen Konsequenzen zu dem Satz überlegen müssen, und das gilt auch für denjenigen, der zum Beispiel einer Aufforderung nachkommen soll — und für den ist es dann manchmal einfacher, die Aufforderung zu ‚verwerfen'."

(Rubenbauer, Alexander: Warum Sie negative Aussagen durch positive ersetzen sollten, veröff. am 24.02.2012 unter www.alex-rubenbauer.de/psychologie/876/ warum-sie-negative-aussagen-durch-positive-ersetzen-sollten/ [15.12.2017])

Auch im Kita-Alltag wird oft die „Nicht Form" benutzt: *„Hast du das wirklich nicht gewusst?"*. Wie antwortet das Kind darauf, wenn es etwas nicht gewusst hat? Mit „Nein"? In diesem Fall bestätigt es, den betreffenden Sachverhalt gewusst zu haben,

denn in der Frage steckt das Wort „nicht". Auf die Frage *„Hast Du das nicht gewusst?"*, lautet die richtige Antwort: *„Ja" (das habe ich nicht gewusst)"*.

Ein anderes Beispiel: *„Ist Tina noch nicht da?"* Wenn Tina noch nicht da ist, werden die Kinder meistens mit *„Nein"* antworten. Das ist eine doppelte Verneinung. Demzufolge wäre Tina da. Ist sie nicht da, muss korrekt mit *„Ja"* (Ja, sie ist nicht da.") geantwortet werden. Oder: *„Hast du gar keine Angst?"* Wer angstfrei ist, antwortet: *„Ja (ich habe keine Angst)."*

Im Kita-Alltag werden zahlreiche „nicht-Sätze" oder Formulierungen mit „keine/-r" verwendet. Dies verdeutlichen die folgenden Beispiele, die den meisten pädagogischen Fachkräften bekannt vorkommen müssten.

BEISPIELE

„Seid nicht so laut!", *„Rennt hier nicht rum!"*, *Hier wird nicht geschlagen!"*, *„Keiner wirft hier mit Steinen!"*, *„Pass auf, wirf dein Glas nicht um!"*, *„Nimm dir nicht so viel auf den Teller, das schaffst du nicht!"* usw.

Wie bereits beschrieben, ist eine klare Kommunikation mit Kleinkindern wichtig, um deren Resilienz zu fördern. Die pädagogische Fachkraft sollte sich den Kindern gegenüber eindeutig äußern und sich ihnen dabei positiv zuwenden. So können die Kinder leicht verstehen, was von ihnen erwartet wird, sie wissen, was sie tun sollen. Kinder, die auf diese Weise angesprochen werden, fühlen sich respektiert und ernstgenommen. Sie spüren, dass die Erzieher sie verstehen. Durch positives Formulieren verwenden pädagogische Fachkräfte für die Kinder leicht verständliche, angemessene Formulierungen und Aufforderungen. Die Kinder empfinden die Wertschätzung, die ihnen entgegengebracht wird, und gehen gestärkt aus der Kommunikation hervor.

Viele Erzieherinnen machen die Erfahrung, dass Kinder auf negative Aufforderungen leicht irritiert oder verlangsamt reagieren. Zuweilen reagieren sie ganz anders, als erwartet. Die Kinder überhören z. B. das Wort „nicht" und tun dann genau das, was ihnen gerade untersagt wurde, sie sind also laut, rennen, schlagen sich usw.

Wie Gehirnstrommessungen der Tufts University in Boston (vgl. Psychological Science: When the Truth Is Not Too Hard to Handle: An Event-Related Potential Study on the Pragmatics of Negation) ergaben, tut sich das Gehirn insbesondere bei falschen Verneinungen schwer – im Alltag sollte daher lieber positiv formuliert werden. Dies unterstützen psycholinguistische Forschungen, die ergaben, dass das menschliche Gehirn positive Aussagen zu 48 % schneller verarbeitet als negative.

Da Erwachsene bereits viele Handlungspläne entwickelt haben, wissen sie, bei einer verneint formulierten Aufforderung (*„Sprich nicht so laut!"*), was sie stattdessen tun könnten. Im Laufe ihres Lebens entwickeln Kinder zunehmend derartige Handlungspläne. Je jünger Kinder aber sind, desto präziser sollten die Aufforderungen an sie sein. Denn kleine Kinder wissen manchmal einfach noch nicht, was sie statt des unerwünschten Verhaltens tun könnten. Sagt die pädagogische Fachkraft dem Kind, es solle *nicht* rennen, *nicht* hauen, dann versteht es irgendwann, was es lassen soll. Gleichzeitig benötigt das Kind eine Idee, was es stattdessen tun könnte: z. B. leise sein oder flüstern bzw. langsam gehen. Klare Handlungsanweisungen, die ihnen sagen, was sie tun sollen, helfen insbesondere jüngeren Kindern, sich im Kita-Alltag zurechtzufinden.

Im einführenden Beispiel (s. Kap. 1, S. 10), in dem es um die Eingewöhnung von Hendrik geht, zeigt sich die Wirkung von negativer Formulierung: ... Elke geht mit ihm auf dem Arm in den Flur, geht dort auf und ab, schaut, ob Hendrik sich in der Küche ablenken lässt. Sie redet mit ihm: „Hendrik, du brauchst *nicht* weinen, die Mama kommt ja gleich wieder, alles ist gut." Er weint mal leiser, mal lauter weiter. Hendrik tut, was Elke ihm durch die negative Formulierung mit „nicht" sagt, und weint. Er kommt auf diese Weise nicht dazu, seine Gefühle wahrzunehmen und zu spüren, was den Trennungsschmerz für ihn lindern könnte.

Die folgenden Beispiele zeigen, dass im Kita-Alltag negativ formulierte Anweisungen gut durch positive ersetzt werden können. Diese ermöglichen den Kindern eine klare Orientierung, da sie wissen, was von ihnen erwartet wird.

BEISPIELE

* *Kinder fahren mit den Bobby-Cars von der Fahrtstrecke auf den Rasen. Statt zu sagen: „Ihr sollt nicht auf dem Rasen mit den Bobby-Cars fahren!" sagen Sie:*
  „Bleibt mit den Fahrzeugen auf der Bobby-Car-Strecke!"

* *Ein Kind schaut beim Eingießen eines Getränks woanders hin: Statt zu sagen: „Du sollst nicht woanders hinschauen" oder: „Schenk dir nicht zu viel ein, sonst läuft es über", sagen Sie:*
  „Schau hin, was du machst" oder „Schau dein Glas beim Einschenken an."

* *Ein Kind klappert mit seinem Besteck während der Mahlzeit. Statt zu sagen: „Du sollst nicht mit deinem Besteck klappern" oder schlimmer, weil zu allgemein: „Wir klappern nicht beim Essen mit dem Besteck!" (wir machen das nicht, aber das Kind tut es ja gerade), sagen Sie:*
  „Lege dein Besteck hin."

* *Kinder schreien beim Aufräumen im Gruppenraum. Statt zu sagen: „Schreit hier nicht so rum!", sagen Sie:*
  „Seid leise!"

* *Ein Kind klettert auf die Fensterbank. Statt zu sagen: „Fall da bloß nicht runter!" oder: „Pass auf, du fällst!", sagen Sie: „Halte dich gut fest!"*

* *Max schlägt Viola mit dem Bauklotz auf den Kopf. Statt zu sagen: „Du sollst nicht mit den Bauklötzen schlagen!" oder: „Hier wird nicht geschlagen!", sagen Sie:*
  „Lass das! Ich möchte, dass du mit Viola sprichst, wenn du etwas von ihr willst!"

* *Marina, nimmt Klas die Buntstifte weg. Statt zu sagen: „Du sollst den anderen Kindern nicht die Stifte wegnehmen!" oder: „Wir nehmen hier nicht anderen Kindern die Stifte weg!",*

3

sagen Sie:
„Marina, gib Klas die Stifte zurück!"

* *Lola, wurde von einem anderen Kind, Marlon, geschlagen und schubst diesen nun so kräftig, dass Marlon umfällt.*
Statt zu sagen: „Du sollst nicht schubsen, auch wenn du gehauen wurdest!" *oder:* „Ich will nicht, dass ihr schubst", *sagen Sie:*
„Lola, sag ‚Nein', wenn Marlon etwas tut, was du nicht willst!"

* *Ein Kind, Lara, nimmt Manon das Bobby-Car weg.*
Statt zu sagen: „Du sollst Manon nicht das Bobby-Car wegnehmen."
Oder: „Wir nehmen hier nicht anderen Kindern die Sachen weg.", *sagen Sie:* „Lara, gib Manon das Bobby-Car zurück!"

* *In Gefahrensituationen reicht oft ein* „STOPP!" *oder der Ausruf* „Lass das!".

Wenn Sie darauf achten, werden Ihnen die hier beschriebenen negativen Formulierungen mit „nicht" oder „keiner/niemand" immer öfter in Ihrem Kita-Alltag auffallen. Anfangs kann es schwer sein, sie wegzulassen. Dies wird aber immer leichter, je öfter Sie eine positive Formulierung anwenden. Mit den oben aufgeführten Ersatz-Sätzen wird eine Auswahl an positiven Formulierungen angeboten, die stattdessen verwendet werden können.

AUFGABE allein

Formulieren Sie aus den folgenden Sätze positive Aussagen:
„Du sollst Lukas nicht schlagen!"
„Lass den Teller nicht fallen!"
„Klapper nicht schon wieder mit dem Besteck!"
„Schneide dir nicht in den Finger!"
„Sei nicht so laut und wecke nicht die anderen Kinder auf!"
„Keiner geht in den Flur, bevor ich das erlaube!"

AUFGABE im Team

Notieren Sie alle „Nicht Sätze", die Sie in Ihrer Kita-Gruppe verwenden. Erarbeiten Sie gemeinsam positive Formulierungen, welche dann alle Teammitglieder in ihrem Gruppenalltag anwenden können.

Ich-Botschaften – Du-Botschaften

„Du bist – wie immer – zu spät!", „Du räumst nie deine Stifte weg!", „Kannst du nicht einmal im Morgenkreis stillsitzen!", „Das ist ja mal wieder typisch, dass du keine Regenhose hast."
Derartige Du-Botschaften kennen wohl die meisten Menschen. Sie enthalten versteckte oder auch offene **Vorwürfe** und **Schuldzuweisungen**. Dies führt dazu, dass Kinder darauf abwehrend reagieren oder anfangen, sich zu rechtfertigen. Manche zeigen keine äußerliche oder verbale Reaktion, sondern resignieren. Ihr Selbstwertgefühl sinkt. Du-Botschaften sind abwertend und nach ihrer Verwendung kommt es meistens zum Streit. Wer Kinder wertschätzend behandeln und zu resilienten Erwachsenen erziehen will, verzichtet auf den Einsatz von Du-Botschaften.

Es gibt übrigens auch **verkappte Du-Botschaften**, z. B. Aussagen, die nicht mit „Du" beginnen, wie beispielsweise: „Ich fühle mich gestört, weil du immer den Morgenkreis störst." Auch bei diesen Sätzen handelt es sich um Du-Botschaften, die vorwurfsvoll und anklagend klingen.

BEISPIEL

„Ich bekomme immer Kopfschmerzen, wenn ihr so laut seid."
Dieser Satz enthält eine Du-Botschaft, obwohl er mit einem „Ich" beginnt. Indirekt ist der Vorwurf enthalten: „Ihr Kinder seid schuld, wenn ich Kopfschmerzen bekomme." Worte wie „immer", „wieder" und „nie" verallgemeinern und weisen auf zurückliegende Ereignisse. Dies löst oftmals eine sinnlose Diskussion aus, die mit dem derzeitigen Ereignis nichts mehr zu tun hat.

Fallbeispiel

Es ist ein Nachmittag in der Kita. Alle Kinder sind im Garten. Henry, der Erzieher der Tigergruppe, ruft: *„Alle Tigerkinder gehen jetzt rein."* In der Garderobe ist viel los, die Kinder ziehen die Regenhosen, Gummistiefel und Jacken aus. Henry hat in diesem Moment keinen Überblick, ob tatsächlich alle Tigerkinder mit reingekommen sind. Da bislang immer alle Kinder seiner Anweisung gefolgt sind, geht er davon aus, dass jetzt auch alle da sind. Nach dem Händewaschen setzen sich alle an den Tisch für einen

Obstsnack, bevor die Abholzeit beginnt. Hier fällt Henry auf, dass Luisa (fünf Jahre) fehlt. Er fragt die Kinder: *„Ich sehe gerade, dass Luisa fehlt. Weiß jemand von euch, wo sie ist?"* Niemand weiß etwas. Henry schaut sich zunächst im Gruppenraum um. Nichts. Er schaut auf den Flur und in den Waschraum, auch in die Toilettenkabinen. Auch hier ist Luisa nicht. Er beginnt, sich Sorgen zu machen. Wo könnte sie sein? Er fragt seine Kolleginnen und Kollegen in den anderen Gruppen, ob Luisa dort sei oder noch im Garten. Luisa ist nicht aufzufinden. Die Angst wächst. Ist sie vielleicht vom Kindergartengelände weggelaufen? Aber es ist doch eingezäunt, wie sollte sie dann weglaufen können? Alle helfen beim Suchen, alle sind aufgeregt und in Sorge. Nach ca. 15 Minuten findet Henry Luisa in der Verkleidungsecke, wo sie jetzt unter den Verkleidungssachen hervorlugt. Sie ist quietschvergnügt und freut sich offenbar, dass sie sich so lange verstecken konnte. Henry spricht sie laut und vorwurfsvoll an: *„Mensch, Luisa, spinnst du? Ich suche dich überall! Deinetwegen rennen alle aufgeregt durchs Haus. Wir hatten alle große Angst um dich."*

Auch wenn der Satz nicht mit einem ‚Du' beginnt, verwendet Henry eine Du-Botschaft. Damit macht er Luisa einen Vorwurf. Vermutlich wird sie abwehrend oder bagatellisierend reagieren: „Wieso, ich bin doch hier." Was regst du dich so auf, ich war doch die ganze Zeit hier." Aber mir geht's doch gut. Wieso hast du dir Sorgen gemacht?"

Henry könnte auch in Form einer Ich-Botschaft antworten: *„Mensch, Luisa, gut, dass ich dich gefunden habe! Ich habe mir Sorgen um dich gemacht, weil ich dich nicht finden konnte. Bleibe ab jetzt bitte wieder bei den anderen Kindern, damit ich beruhigt bin."*

Anders als mit Du-Botschaften wird mit Ich-Botschaften von einem Menschen zum Ausdruck gebracht, wie ihm geht und welche Gefühle er hat. Der Sprechende kommuniziert damit auf der Ebene der Selbstkundgabe.

Es wird niemand angegriffen, gleichzeitig ist man nicht angreifbar, weil keine Vorwürfe geäußert werden.

Infolgedessen muss sich der Gesprächspartner nicht rechtfertigen oder als Abwehrreaktion selbst angreifen. Ein Kita-Kind hört beispielsweise, wie es dem Gegenüber geht und erfährt ggf., welches Gefühl sein Verhalten ausgelöst hat (s. Beispiel oben).

Definition: Ich-Botschaft

Der Begriff „Ich-Botschaft" (engl. I-Message) wurde von dem US-amerikanischen Psychologen Thomas Gordon geprägt. Gordon verstand unter einer Ich-Botschaft eine authentische und bewertungsfreie Selbstoffenbarung. Kommunikationspsychologische Theorien verstehen unter Ich-Botschaften persönliche Äußerungen im Sinne einer Selbstkundgabe.

Mit Ich-Botschaften können sich Erzieherinnen gut wertschätzend und resilienzfördernd Kindern gegenüber äußern, ohne von ihnen etwas zu verlangen oder in ihre Bereiche einzugreifen. Beim Formulieren lässt sich noch mehr Klarheit gewinnen, außerdem übernimmt die pädagogische Fachkraft Eigenverantwortung. Ihr Gegenüber, z. B. ein Kind aus der Kitagruppe, behält seine Verantwortung für das auslösende Verhalten bzw. für das ggf. zu verändernde Verhalten. Das Kind kann reagieren, muss dies aber nicht.

BEISPIEL

Im Eingangsbeispiel (s. Kap. 1, S. 10) nimmt die Erzieherin Elke Hendriks Verhalten wahr und begleitet es mit folgenden Worten: „Hendrik, ich sehe, du bist ganz traurig, weil die Mama weggegangen ist. Stimmt's? Du darfst auch traurig sein. Kann ich dich trösten?" Die Erzieherin bleibt auf diese Weise mit ihrer Aufmerksamkeit beim Kind. Sie beschreibt in Ich-Botschaften, was sie bei Hendrik wahrnimmt.

Ein wesentliches Merkmal von Ich-Botschaften ist das Benennen authentischer Gefühle. Es ist nämlich nicht nur sinnlos, sondern auch kontraproduktiv, Gefühle vorzutäuschen. Der Gesprächspartner spürt in jedem Fall die Diskrepanz, ist irritiert und reagiert dann in den meisten Fällen auf der Beziehungsebene.

Hat das unangemessene Verhalten eines Menschen Gefühle wie Ärger, Trauer oder Enttäuschung ausgelöst, ist es wichtig, ihm dies möglichst zeitnah und konkret zurückzumelden. Bezogen auf das oben beschriebene Beispiel mit Henry und Luisa: Benannt wird sachlich die Ausgangslage *(„Luisa, gestern Nachmittag, als wir aus dem Garten wieder reingegangen sind, ...")* und das Verhalten *(„... hast du dich in der Verkleidungsecke versteckt.").* Mit Ich-Botschaften wird das Gefühl benannt, das dadurch ausgelöst worden ist. *(„Ich habe Angst um dich gehabt/ich habe mir Sorgen gemacht.")* Nun kann die andere Person ebenfalls mit Ich-Botschaften reagieren.

3

Vielleicht ist sie erschrocken, weil sie die Situation anders empfunden und/oder weil sie etwas ganz anderes gemeint hat.

Ich-Botschaften werden durch **nonverbale Äußerungen** (Mimik, Gestik) unterstrichen. Durch sie werden die verbalen Aussagen stimmig, d. h. kongruent und glaubwürdig.
Manchmal kommt es aber auch zu Unstimmigkeiten, z. B. wenn der Gesprächspartner lächelnd sagt: *„Das macht mich ganz traurig!"* oder: *„Eigentlich bin ich wütend."* In diesem Fall können Sie Ihre Wahrnehmung der Diskrepanz beispielsweise wie folgt benennen: *„Sie sagen, Sie seien traurig, und gleichzeitig lächeln Sie. Das verunsichert mich. Ich weiß nicht, ob Sie traurig sind oder ob Sie ein anderes Gefühl haben."* Oder: *„Ich habe das Gefühl, Sie sind nicht so sehr wütend, weil Sie das so freundlich sagen."* Zu bedenken ist aber, dass Kinder noch nicht die Möglichkeiten haben, auf eine derartige Inkongruenz von sprachlicher Aussage und Mimik zu reagieren. Ich-Botschaften müssen daher gerade in der Kita authentisch sein, damit die Kinder nicht verunsichert werden.

AUFGABE allein

Formulieren Sie folgende Sätze in Ich-Botschaften um:

* „Immer kommst du zu spät zum Mittagessen!"
* „Immer nimmst du dir viel zu viel Essen auf deinen Teller und isst es dann nicht auf."
* „Du räumst nie deine Malstifte weg, immer muss ich dir hinterherräumen!"
* „Ich habe Kopfschmerzen, weil du zu laut bist!"
* „Du störst jeden Tag aufs Neue im Morgenkreis."

AUFGABE im Team

Fertigen Sie eine Tabelle an. In die eine Spalte kommen die Du-Botschaften, die Sie im Kita-Alltag hören oder selbst verwenden. In die andere Spalte werden die entsprechenden passenden Ich-Botschaften geschrieben. Beschreiben Sie, was Ihnen an Ich-Botschaften gefällt, und was Ihnen andererseits an deren Formulierung schwerfällt.

3.2 Resilienzförderung durch das Eingehen auf kindliche Bedürfnisse

Da es bei einem feinfühligen, resilienzfördernden Umgang mit Kindern immer auch um das Erkennen und Benennen von Bedürfnissen geht, wird im Folgenden die Bedürfnispyramide des US-amerikanischen Psychologen Abraham Maslow (1908–1970) vorgestellt. In einem späteren Kapitel (s. Kap. 4.6, S. 102) wird darauf Bezug genommen, wenn es darum geht, die Bedürfnisse der pädagogischen Fachkräfte von denen der Kinder zu unterscheiden.

Bedürfnisse werden manchmal mit Wünschen oder Forderungen, die von den Kindern und den pädagogischen Fachkräften geäußert werden, verwechselt. Ein wesentlicher Unterschied zwischen Bedürfnissen und Wünsche ist: Bedürfnisse **müssen** erfüllt werden, Wünsche und Forderungen **können** erfüllt werden. Diese Unterscheidung ist wichtig, denn oft kommt die Sorge auf, die Kinder durch die Erfüllung eines Bedürfnisses zu verwöhnen, oder es entstehen Machtkämpfe. Bei der Befriedigung von Bedürfnissen kann es niemals um Macht oder Verwöhnen gehen.

SELBST-VERWIRK-LICHUNG

WERTSCHÄTZUNG
„ICH BEDÜRFNISSE", GELTUNG

SOZIALE BEDÜRFNISSE
FREUNDSCHAFT, LIEBE, GRUPPENZUGEHÖRIGKEIT

SICHERHEITSBEDÜRFNISSE
materielle / BERUFLICHE SICHERHEIT, WOHNEN

GRUNDBEDÜRFNISSE
körperliches WOHLBEFINDEN, ESSEN, TRINKEN, SCHLAFEN

(Die Bedürfnispyramide nach Maslow)

Bei den Bedürfnissen, die in den unteren vier Stufen der Bedürfnis-pyramide aufgeführt sind, handelt es sich um sogenannte **Mangel-bedürfnisse**. Werden diese nicht ausreichend erfüllt, so besteht die Gefahr eines physischen oder psychischen Schadens. **Wachstumsbedürfnisse**, also unstillbare Bedürfnisse, können dage-gen nie abschließend befriedigt werden, denn sie entstehen durch die Weiterentwicklung der menschlichen Psyche immer neu. Doch auch ihre Nichterfüllung kann zu psychischen Störungen wie bei-spielsweise Minderwertigkeitskomplexen führen.

Bedürfnisse sollen und müssen erfüllt werden, allerdings „nur" er-füllt und nicht etwa überfüllt. Zu einer Übererfüllung von Bedürfnis-sen kommt es manchmal im Kita-Alltag.

BEISPIELE

* Kinder werden von den pädagogischen Fachkräften genötigt, alles aufzuessen, was sie sich aufgetan haben, also über das Sättigungsgefühl (das Bedürfnis nach Nahrung ist befriedigt) hinaus weiterzuessen.

* Es gibt Situationen, in denen Kindern wortlos ein Schnuller in den Mund gesteckt wird, ohne dass das Kind danach verlangt hat.

* Kleinkinder schlafen in der Kita beim Essen fast ein, sie weinen, weil sie müde sind und ins Bett möchten. Sie müssen aber beim Mittagessen am Tisch sitzen bleiben, bis alle Kinder mit dem Essen fertig sind.

* Kinder werden in der Kita auf Wunsch der Eltern tagsüber wach gehalten, damit sie abends früher ins Bett gehen.

* Kinder werden zu Körperkontakt und Nähe gezwungen, ohne dass sie hierfür ein eigenes Bedürfnis zeigen, indem sie einfach ungefragt auf den Arm genommen und z. B. eine Treppe hinauf- oder hinabgetragen werden. Kinder werden, ohne dass sie hierfür ein eigenes Bedürfnis zeigen, von Eltern, Familienmitgliedern und auch pädagogischen Fachkräften auf den Schoß genommen oder gedrückt: „Ach, du bist so süß, komm mal her, ich muss dich knuddeln!"

* Kinder müssen im Stuhlkreis in der Gruppe sitzen bleiben, obwohl ihr Bedürfnis nach Nähe und sozialen Kontakten erfüllt ist und es ihnen zu viel wird, in der großen Runde zu sein.

* Kinder werden in der Kita über die Maßen gelobt, ohne dass sie selbst etwas getan haben, was dieses Lob rechtfertigt.

Laut Maslow haben einige Bedürfnisse einen höheren Stellenwert als andere. Wenn z. B. das Bedürfnis nach Essen – also der Hunger – groß ist, spielt das soziale Bedürfnis nach Zugehörigkeit nur noch eine untergeordnete Rolle.

Ein untergeordnetes Bedürfnis muss zu mindestens 70 % erfüllt sein, bevor ein nächsthöheres Bedürfnis in den Vordergrund rückt. Das bedeutet, dass mehrere Bedürfnisse mit unterschiedlicher Ausprägung zeitgleich aktiv sind.

3

Erst wenn die Grundbedürfnisse ausreichend befriedigt sind, rücken die anderen Bedürfnisse stärker in den Vordergrund. Ist das Bedürfnis nach Sicherheit, z. B. durch einen vertrauten und gut ausgestatteten Gruppenraum in der Kita, erfüllt, tritt die nächste Bedürfnisstufe ins Visier des Interesses: das soziale Bedürfnis nach Liebe und Zugehörigkeit. Erst wenn die Kinder in der Gruppe Freunde gefunden haben und sich als vollwertige und akzeptierte Mitglieder der Gruppe fühlen, kann die nächste Stufe interessant werden: das Bedürfnis nach Wertschätzung. Hierbei geht es einerseits darum, Erfolg zu haben und unabhängig zu sein, aber gleichzeitig auch darum, anerkannt zu werden. Erst wenn bei einem Menschen alle vorherigen Bedürfnisse in einem ausreichenden Maß erfüllt sind, geht es um die Selbstverwirklichung. An diesem Punkt kann der Mensch sein Potenzial ausschöpfen, die eigene Individualität wird ausgebildet.

Die einzelnen Bedürfnisstufen können sich überlappen, sie müssen also nicht so starr getrennt auftreten, wie es das Bild der Bedürfnispyramide vermuten lässt. Dies veranschaulicht die folgende Darstellung:

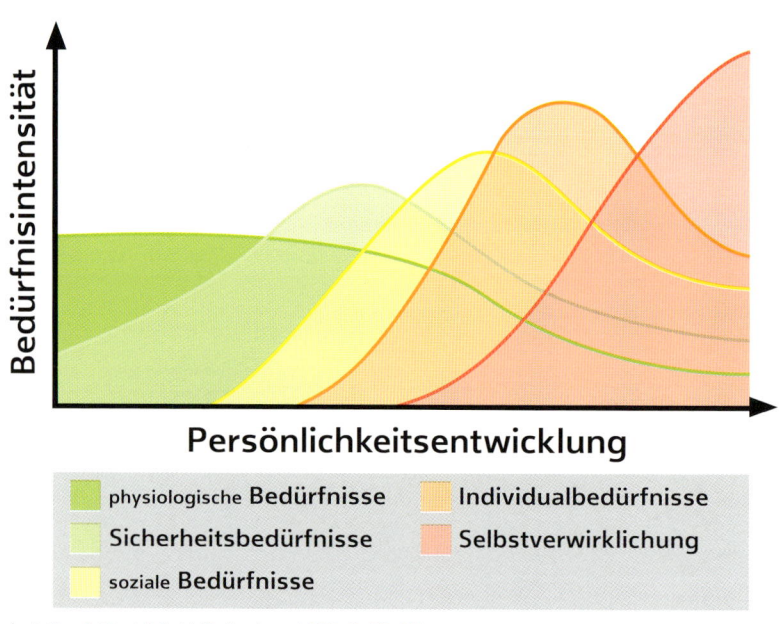

(vgl. Krech/Crutchfield/Ballachey, 1962, S. 72, 77)

Unerfüllte Bedürfnisse sind die Motivation zum Handeln, der Antrieb, etwas zu unternehmen, um sie zu befriedigen.

Viele Probleme, die in Kita-Gruppen auftreten, können nicht nur durch die systemische Sichtweise, sondern signifikant ergänzend durch das Maslowsche Modell erklärt werden. Dies verdeutlichen die folgenden Beispiele.

BEISPIEL

Wenn ein Kind im Gruppenraum unruhig wird, kann dies verschiedene Gründe haben:

* *Das Kind hat Hunger oder Durst.*

* *Das Kind ist müde.*

* *Das Kind hat ein Bedürfnis nach Ruhe und möchte sich zurückziehen.*

* *Das Kind ist ausgeruht und voller Tatendrang, es hat einen hohen Bewegungsdrang, dem es im engen Gruppenraum nicht nachkommen kann.*

* *Das Kind sucht Kontakt zu einem anderen Kind und wird abgewiesen.*

* *Das Kind sucht Kontakt zur pädagogischen Fachkraft und wird von dieser nicht wahrgenommen.*

* *Das Kind hat sich wehgetan und sucht Schutz.*

* *Das Kind möchte etwas Wichtiges mitteilen und niemand wendet sich ihm zu.*

* *Das Kind ist mit den vielen Reizen überfordert und braucht eine Rückzugsmöglichkeit.*

Im Kapitel „Herausforderungen und Chancen im Kita-Alltag – Resilienzförderung durch klare Regeln und die Gestaltung von Übergängen" (s. Kap. 5.2, S. 111) werden einige Anregungen für die Erfüllung der kindlichen Bedürfnisse aufgeführt. Durch sensitives responsives Verhalten (s. Kap. 3.3, S. 70) und Partizipation (s. Kap. 3.4, S. 75) können die Bedürfnisse der Kinder wahrgenommen werden, was eine angemessene Reaktion hierauf ermöglicht.

Hierbei geht es auch um eine resilienzfördernde Art und Weise der Gestaltung der **Abläufe in der Kita**, die den Bedürfnissen der Kinder gerecht wird. Diese kann u. a. umgesetzt werden, indem die pädagogischen Fachkräfte einzelne Stationen des Tagesablaufs nach den Bedürfnissen der Kinder ausrichten. Es kann beispielsweise sinnvoll sein, das Mittagessen früher anzubieten, wenn die Kinder zu der üblichen Essenszeit bereits sehr müde sind. Ob zuerst der Morgenkreis oder zuerst das Frühstück gemacht wird, sollte von dem Hunger oder Aufmerksamkeit der Kinder abhängen. Es kann sein, dass der Morgenkreis unruhig ist, weil die Kinder hungrig sind.

AUFGABE allein

Beantworten Sie folgende Fragen: Wo gehen Sie in Ihrem Berufs-alltag auf die Bedürfnisse der Kinder ein? Wann gelingt dies nicht? Was können Sie verändern, damit es gelingen könnte?

AUFGABE im Team

Die pädagogischen Fachkräfte bearbeiten die oben gestellte Aufgabe zunächst allein. Anschließend stellen alle ihre Antworten vor. Sammeln Sie auf einem Flipchart die Antworten zu den jeweiligen Fragen. Einigen Sie sich auf die Änderungen, die Ihnen helfen sollen, die Bedürfnisse der Kinder stärker zu berücksichtigen. Stellen Sie sich dabei auch die Frage, welche Vorteile Sie als Fachkraft davon haben.

3.3 Resilienzförderung durch responsives Verhalten

Das responsive Verhalten der pädagogischen Fachkräfte ist eine wichtige Grundlage der Resilienzförderung in der Kita.

Definition: Responsivität
Responsivität wird mit dem Begriff „Antwortverhalten" über-setzt. Es bedeutet, sich auf jemanden abzustimmen. Die Kommu-nikationssignale des anderen Menschen werden wahrgenom-men, richtig eingeschätzt, und es wird empathisch darauf eingegangen.

Der Begriff „Responsivität" wird in vielen Bereichen verwendet, z. B. in der Politik, der EDV oder Kunst. Insbesondere in der Pädagogik bzw. in der Bindungstheorie spielt Responsivität eine große Rolle. Es gibt einige Studien (u. a. von Mary Ainsworth, Regina Remsperger, Dorothee Gutknecht) über die Auswirkungen und die sich daraus ergebende Notwendigkeit von feinfühligem responsiven Verhalten. Die Entwicklungspsychologin Mary Ainsworth hat ab 1970 die sensitive responsive Interaktion von Müttern ihren Kindern gegenüber konzeptionell entwickelt.

> „Mit dem neu generierten Begriff der Sensitiven Responsivität wird ermittelt, ob eine pädagogische Fachkraft überhaupt auf ein Kind reagiert (Responsivität) und wie feinfühlig die Reaktion ausfällt (Sensitivität). In Anlehnung an Ainsworth definiert sich Sensitive Responsivität wie folgt: Eine Erzieherin, die mit Sensitiver Responsivität auf die Signale von Kindergartenkindern reagiert, muss die Signale des Kindes bemerken und sich auf die Signale des Kindes hin angemessen verhalten."
>
> *(Remsperger, Regina: Auf die Beziehungsgestaltung kommt es an. Sensitive Responsivität im pädagogischen Alltag, in: Archiv: frühe Kindheit 1/11, S. 1, hrsg. v. Deutsche Liga für das Kind in Familie und Gesellschaft, Initiative gegen frühkindliche Deprivation e. V. Berlin, unter liga-kind.de/fk-111-remsperger/ [16.12.2017])*

Um in der Kita eine sensitive responsive Haltung dem Kind gegenüber zu zeigen, ist es für die pädagogische Fachkraft wichtig,

* die Signale des Kindes (verbale Äußerungen, Gesten und Mimik, Körpersprache) korrekt zu erkennen,
* diese richtig zu interpretieren (ohne eigene Übertragungen) und
* dann unverzüglich und feinfühlig darauf zu reagieren, z. B. mit einer sprachlichen Antwort, einer Geste oder durch eindeutigen Blickkontakt.

Dies kann nur gelingen, wenn die pädagogische Fachkraft mit ihrer Aufmerksamkeit bei den Kindern bzw. bei dem einen Kind, mit dem sie kommuniziert, ist. Ist sie mit den Gedanken schon bei der nächsten Aktion, ist sie nicht wirklich bei der aktuellen Sache und den Kindern. In diesem Zusammenhang taucht die Frage auf, ob es wichtiger ist, den geplanten Ablauf einzuhalten oder im aktuellen Prozess nah bei den Kindern zu sein.

3

Die Umsetzung eines sensitiven responsiven Verhaltens ist von verschiedenen Faktoren abhängig:

* Fachwissen der Erzieherinnen: diese benötigen Fachwissen und Schulungen zum Thema, u. a. im Rahmen der Berufsausbildung oder durch Fort- und Weiterbildung,
* strukturelle Rahmenbedingungen: Gruppengröße, Personalschlüssel, räumliche Gegebenheiten (Raumgröße und Ausstattung) und pädagogische Konzepte einer Einrichtung haben massive Auswirkungen,
* Personalwechsel: häufiger Personalwechsel kann zum Verlust von Wissen über die Notwendigkeit des responsiven Verhaltens führen,
* das Selbstverständnis von der pädagogischen Qualität der Einrichtung,
* das jeweilige Bild vom Kind.

Nun ist die Umsetzung eines responsiven Verhaltens in einer Kita-Gruppe mit oftmals mindestens 20 Kindern und vielleicht zwei Fachkräften nur eingeschränkt möglich. Bei einem Personalschlüssel von 1:10 in der Kita oder von 1:5 bei den unter 3-Jährigen können logischerweise nicht sämtliche Signale und verbalen Äußerungen aller Kinder von den pädagogischen Fachkräften wahrgenommen, aufgenommen und beantwortet werden.

Kinder, deren Äußerungen nicht wahrgenommen werden, reagieren unterschiedlich:

* Manche reagieren introvertiert, sie ziehen sich frustriert oder traurig und enttäuscht zurück. Daraus folgen entsprechende Handlungen, wie Rückzug oder Aufgeben, und die entsprechenden negativen Gefühle, die das Selbstwertgefühl des Kindes schwächen können.
* Andere Kinder machen sich wiederholt bemerkbar, indem sie eine Äußerung im selben Tonfall und Wortlaut mehrfach wiederholen. Sie sagen z. B. fünfmal hintereinander: „Guck doch mal!" Oder sie melden sich im Morgenkreis immer wieder, bis sie entweder bemerkt werden oder aufgeben.

* Wieder andere reagieren extrovertiert auf die Zurückweisung. Sie werden beispielsweise laut und stören den Ablauf, um Aufmerksamkeit zu erhalten. Sie springen auf, machen „Quatsch" oder werden anderen Kindern gegenüber aggressiv.

Das hier beschriebene Verhalten der Kinder, hat unterschiedliche Reaktionen der pädagogischen Fachkräfte zur Folge. Durch die Reaktionen der Erwachsenen lernen die Kinder möglicherweise:

* Wenn ich fünf- oder zehnmal nachfrage, bekomme ich eine Antwort, also muss ich nur lange genug durchhalten und es immer wieder versuchen.
* Ich bin dem Erwachsenen nicht wichtig, er sieht mich nicht.
* Ich muss nur laut genug sein, Quatsch machen, andere Kinder ärgern, dann werde ich schon wahrgenommen.

Im Kita-Alltag gibt es sehr viele unruhige Situationen wie Übergänge vom freien Spiel zum Morgenkreis oder zu den Mahlzeiten. Auch das Anziehen in der Garderobe ist meist unruhig, hektisch und laut. Hierbei entstehen meistens Wartezeiten für die Kinder, in denen ihnen langweilig werden kann. Die Kinder werden laut, streiten sich, rennen herum, schubsen andere Kinder, wodurch die Anspannung bei allen Anwesenden steigt. Die hier beschriebenen Verhaltensweisen sind immer eine Folge eines emotionalen Ungleichgewichts, das z. B. durch Frustration oder unbefriedigte Bedürfnisse entstanden ist. Kinder können je nach Alter und Entwicklungsstand nur begrenzte Zeiträume überblicken und demzufolge auch nur begrenzt lange abwarten. Durch eine gute, sensible Planung der **kleinen Übergänge im Alltag** – auch mit Partizipation – können Kinder ihren Kita-Alltag leichter bewältigen. Immer gleiche Abläufe machen die einzelnen Stationen im Tagesablauf für die Kinder vorhersehbar, und sie entwickeln für jede eine Art **Drehbuch** („Script").

„Es [das Kind, Anm. d. Red.] erlebt, dass seine Bezugspersonen in den vielfältigen Situationen im Tagesablauf verstehen, was es für Bedürfnisse hat. [...] Handlungsabläufe im Alltag des Kindes, die sich im Zusammensein mit den Bezugspersonen stetig wiederholen [...] verdichten sich nach und nach zu Scripts, die es dem Kind ermöglichen, zu erwarten oder zu wissen, was gleich geschehen wird. Das

Kind erwirbt in der Arena alltäglicher Interaktionen zum Beispiel Scripts zur Hunger-Sättigungs-Sequenz, zum Baden, zum Wickeln, zum Spazierengehen."

(Gutknecht, 2013)

Auch der **Tagesablauf** kann also sensibel responsiv gestaltet werden. Indem die Erzieherinnen das Verhalten – auch das unerwünschte – der Kinder wahrnehmen und ggf. Veränderungen darauf abstimmen, handeln sie responsiv. Gleichzeitig fördern sie die Resilienz der Kinder, denn diese erleben sich als selbstwirksam und einer Gruppe zugehörig. Sie spüren, dass sie Teil einer Gemeinschaft sind und dass auf ihre Bedürfnisse Rücksicht genommen wird, während sie ihrerseits auf die Bedürfnisse der anderen Rücksicht zu nehmen lernen.

Manchmal ist es unmöglich, das Anliegen eines Kindes sofort zu erfüllen. Es reicht dann, dem Kind ein Signal zu geben, dass sein Anliegen bei dem Erwachsenen angekommen ist. Dies zeigt das folgende Beispiel.

Fallbeispiel

Erzieherin Anke spricht gerade mit ihrer Kollegin Nadine ab, wann sie mit den Kindern in den Garten gehen wollen. Franziska, fünf Jahre alt, spricht sie an: „Anke, schau doch mal mein Bild an." Die angesprochene Erzieherin kann Franziska ignorieren und mit ihrer Kollegin einfach weitersprechen. In diesem Fall wird das Kind vermutlich weiter versuchen, ihre Aufmerksamkeit zu gewinnen. So wiederholt Franziska beispielsweise ihren Satz, und zwar diesmal etwas eindringlicher: „Anke ...! Anke, schau doch mal mein Bild an!" Vielleicht nimmt das Mädchen zusätzlich Körperkontakt auf, indem es das Bein der Erzieherin anfasst oder sie anstupst. Vermutlich ist Anke irgendwann genervt von dieser Unterbrechung und hat keine Lust mehr, das Bild anzuschauen.

Reagiert sie dagegen responsiv, kann sie dagegen sagen: *„Franziska, ich schaue gleich dein Bild an, jetzt rede ich noch mit Nadine zu Ende, so lange musst du warten."* In diesem Fall weiß das Kind, dass sein Anliegen von der Erzieherin verstanden worden ist, es hat eine klare Antwort erhalten und fühlt sich wahrgenommen.

AUFGABE allein

Gehen Sie den Tagesablauf Ihrer Kitagruppe durch: Welche Situationen erleben Sie als unruhig oder belastend? Wann beginnt die Unruhe? Was können Sie verändern, damit der Ablauf den kindlichen Bedürfnissen besser gerecht wird und entspannter für alle ablaufen kann?

AUFGABE im Team

Die Teammitglieder stellen die Übergänge im Tagesablauf ihrer Gruppe vor. Gemeinsam werden Ideen zur Umgestaltung gesammelt und – wenn konzeptionell nötig – Einigungen über Änderungen gefunden.

3.4 Resilienzförderung durch Partizipation

Eine gute Möglichkeit, die Resilienz von Kindern zu stärken, ist Partizipation. In der UN-Kinderrechtskonvention ist in den Artikeln 12 und 13 Partizipation als Recht der Kinder verankert. Sie ist demzufolge auch ein Bestandteil in den Rahmenbildungsplänen der Bundesländer. Es ist also nicht die Frage, *ob* die Kinder beteiligt werden oder ob die Erzieherinnen sie beteiligen wollen, sondern nur die Frage, *wie* Partizipation organisiert wird. Somit erfüllen Kitas mit der Umsetzung der Beteiligung der Kinder einen gesetzlichen Auftrag und fördern die Resilienz der Kinder.

Der Begriff „Partizipation"

Definition: Partizipation
Der Begriff „Partizipation" stammt aus dem Lateinischen. Er setzt sich zusammen aus dem Substantiv „pars" (Teil) und dem Verb „capere" (fangen, nehmen usw.). „Partizipation" bedeutet so viel wie Beteiligung, Teilhabe, Teilnahme oder Beteiligtsein.

Grundsätzlich ist zunächst wichtig, dass alle Beteiligten jedes Kind als eigenständige, individuelle Persönlichkeit ansehen. Jedes Kind hat ein Recht, an Entscheidungen, die es selbst betreffen, beteiligt zu

3

werden. Dieses Recht beginnt nicht erst ab einem bestimmten Alter oder ab der Erlangung bestimmter Fertigkeiten wie z. B. dem Spracherwerb. Es gilt von Geburt an. Jedem Menschen gebührt von Geburt an ein respektvoller und gleichwürdiger (vgl. Juul, 2012, CD 1) Umgang. Da Säuglinge sich noch nicht verbal verständigen können, ist hier besonders die sensitive Responsivität aller Bezugspersonen (s. Kap. 3.3, S. 70) gefragt.

Partizipation in der Kita

In der Kita, die Resilienzförderung umsetzt, ist es u. a. die Aufgabe der pädagogischen Fachkräfte, das Gelingen der Partizipation zu organisieren und für alle Kinder jeden Alters geeignete Methoden und Formen der Mitbestimmung anzubieten. Diese müssen altersentsprechend und dem Entwicklungsstand der Kinder angepasst sein.

„Die aktive Ausübung von Rechten junger Kinder bezieht sich überwiegend auf Entscheidungen, von denen sie direkt betroffen sind. Junge Kinder haben zwar auch das Recht, an Entscheidungen partizipiert zu werden, die die Gemeinschaft betreffen, können dies aber erst verwirklichen, wenn ihr Entwicklungsstand es zulässt."

(Fedder, 2011, S. 136, unter https://www.partizipation-und-bildung.de/pdf/ Fedder_Partizipation%20Krippe.pdf, [21.06.2018])

Im Alltag einer Kindertagesstätte gibt es zahlreiche Gelegenheiten, die Kinder mitbestimmen zu lassen. Es geht nicht immer nur um die großen Dinge, wie die Gestaltung eines Außengeländes, eines Festes oder bestimmter Rituale bei Geburtstagsfeiern. Es gibt vielmehr viele kleine Gelegenheiten, Kinder an der Gestaltung ihres Alltags teilhaben zu lassen, wie beispielsweise die Frage an ein Kleinkind: „Du brauchst eine frische Windel. Wer soll dich wickeln? Anne (auf Anne zeigen) oder ich?"

Die Rechte, die Kleinkindern zugestanden werden müssen, hat Julia Fedder in ihrer Masterarbeit „Partizipation von Kindern zwischen null und drei Jahren in Kindertageseinrichtungen" unterteilt. So müssen nach Julia Fedder jungen Kindern folgende Rechte unbedingt zugestanden werden:

„Allgemein
* das Recht, Rechte zu haben
* das Recht, diese Rechte einzufordern

Entscheidungen
* das Recht, selbst entscheiden zu dürfen (z. B. über die Beschäftigung nach eigener Interessenlage)
* das Recht, mitentscheiden zu dürfen (z. B. in Entscheidungsprozessen innerhalb der Kindertageseinrichtung)
* das Recht, zu lernen, Entscheidungen zu treffen (z. B. gefragt zu werden, ob man lieber Wurst oder Käse essen möchte)

Beteiligung
* das Recht auf Beteiligung (z. B. an Pflegeaktivitäten)

Meinungen und Ideen
* das Recht auf eigene Meinungen und Ideen
* das Recht auf die Mitteilung eigener Meinungen und Ideen
* das Recht, ‚Nein' sagen zu dürfen (z. B. ablehnende Haltung gegenüber einem bestimmten Nahrungsmittel oder einer Teilnahme an einem Ausflug)

Persönliches
* das Recht auf garantierte Sicherheit im Gruppenraum (z. B. dient der Gruppenraum als „Bunker" für die jungen Kinder, in dem sie bleiben oder in den sie jederzeit zurückkehren können)
* das Recht auf Leistungen (z. B. sich selbst getraut zu haben)
* das Recht auf Erfolge (z. B. sich eigenständig anzuziehen)
* das Recht auf Fehler (z. B. die Hose falsch herum angezogen zu haben)
* das Recht auf Selbstständigkeit und Selbsttätigkeit

Spezifische Themen

* das Recht auf Entwicklung im individuellen Tempo (z. B. selbst zu entscheiden, wann mit dem aufrechten Gang begonnen wird)
* das Recht, selbst über sein Essen zu bestimmen (z. B. ob, was und wie viel)
* das Recht, nicht probieren zu müssen (z. B. unbekannte Nahrungsmittel)
* das Recht, bei der Pflege beteiligt zu werden (z. B. gefragt zu werden, ob es gewickelt werden möchte)
* das Recht auf bedürfnisgerechten Schlaf (z. B. die Länge des Schlafs selbst zu bestimmen)
* das Recht auf eigenständige Fortbewegung (z. B. selbstständig zum Waschraum zu gelangen)"

(Fedder, 2011, S. 137 f., unter https://www.partizipation-und-bildung.de/pdf/Fedder_Partizipation%20Krippe.pdf, [21.06.2018])

Selbstverständlich gelten diese und weitere Rechte auch für die älteren Kinder.

Natürlich hat die Mitbestimmung der Kinder auch **Grenzen**, z. B. wenn es um die **Sicherheit oder Unversehrtheit eines Kindes** geht. Die Kinder werden beispielsweise nicht gefragt,

* **ob** das Kita-Gelände eingezäunt wird. Gleichwohl können sie ggf. an der Auswahl der Art der Einzäunung beteiligt werden,
* **ob** es Rituale, beispielsweise an Geburtstagen, gibt. Gleichwohl können sie an der Auswahl der Rituale und deren Umsetzung beteiligt werden,
* **ob** es einen festen Tagesablauf gibt. Gleichwohl können sie an der Auswahl der Strukturen und deren Umsetzung beteiligt werden,
* **ob** es Mittagessen gibt. Gleichwohl können sie an der Auswahl der Speisen beteiligt werden,
* **ob** es einen Morgenkreis gibt. Gleichwohl können sie an dem Ablauf und der Auswahl der Elemente dieses Rituals (z. B. der Lieder) beteiligt werden,

* **ob** sie sich die Zähne putzen. Gleichwohl können sie an der Art der Umsetzung und den begleitenden Sprüchen/Liedern beteiligt werden,
* **ob** ein Kind gewickelt wird. Gleichwohl kann es an der Wahl des Zeitpunkts und der Wahl der Person, die es wickelt, beteiligt werden.

Eine Voraussetzung für die Beteiligung der Kinder an ihrem Kita-Alltag ist es, dass sie verstehen, worum es geht. Sie müssen Gelegenheit bekommen, sich – ihrem Alter entsprechend – über das Thema „Partizipation" zu informieren (siehe auch das Fallbeispiel auf S. 80). Es ist die Aufgabe der pädagogischen Fachkräfte, die entsprechenden Informationen so vorzubereiten, dass die Kinder sie verstehen und verarbeiten können. Erst dann können sie eine wirkliche Wahl treffen.

> „Partizipation heißt, Entscheidungen, die das eigene Leben und das Leben in der Gemeinschaft betreffen, zu teilen und gemeinsam Lösungen für Probleme zu finden."
>
> (Schröder, 1995, S. 14)

Die pädagogischen Fachkräfte in der Kita müssen die Kinder achten und respektieren. Im pädagogischen Alltag ist der Spagat gefragt, altersgemäße Entscheidungen dem Kind zu überlassen, und trotzdem auch andere Entscheidungen *für* das Kind zu treffen, z. B. bei Sicherheitsbelangen oder sinnvollen unterstützenden Regeln. Erzieherinnen entscheiden beispielsweise, dass die Kinder beim Essen am Tisch sitzen, in der Kita Hausschuhe anziehen, Kleidung für draußen nach Wetterlage anziehen, dass es einen Morgenkreis gibt usw. Gleichzeitig ermöglichen sie den Kindern innerhalb eines vorgegebenen Rahmens eigene Entscheidungen und bieten diesbezügliche Wahlmöglichkeiten.

BEISPIELE

* *Kinder müssen beim Mittagessen nichts probieren, sie probieren nur, was und wie viel sie möchten.*
* *Sie ziehen die Regenhose so herum an, wie sie es wollen.*
* *Sie sitzen im Morgenkreis neben einem Kind ihrer Wahl.*
* *Sie entscheiden, mit welchem Kind sie spielen.*
* *Sie wählen ihr Spielzeug.*

3

Umsetzbar ist Partizipation nur durch eine wertschätzende, eindeutige und zielorientierte Kommunikation. Eine ehrliche Offenheit für Diversität und Meinungsvielfalt zeigt sich in einer kompetenten Kommunikation.

Fallbeispiel: Beteiligung der Kinder bei der Wahl des Mittagessens

In einer Kita gibt es drei Gruppen für Kinder von 3 bis 6 Jahren und zwei Gruppen für Kinder bis 3 Jahre. Das Mittagessen wird in der Küche der Kita jeden Tag frisch gekocht. Den Speiseplan schreibt der Koch Stefan auf Grundlage des Ernährungskonzepts für Kitas unter Berücksichtigung der „Bremer Checkliste". Diese bietet Vorgaben für die Erstellung des Speiseplans und für dessen Inhalte. So ist z. B. dort festgelegt, dass es einmal in der Woche Fleisch und einmal Fisch gibt. Es gibt jeden Tag Gemüse, ggf. als Rohkost, es wird pro Woche mindestens ein vegetarisches Gericht angeboten. Inzwischen werden die Kinder an der Auswahl der Speisen beteiligt. Einmal in der Woche dürfen die Kinder einer Gruppe ein Essen aussuchen. So ist jede Gruppe alle fünf Wochen einmal an der Auswahl des Mittagessens beteiligt.

Zur Vorbereitung dieser Vorgehensweise wurden die Gerichte nach und nach als Tellergericht fotografiert. Ebenso wurde bei den wichtigsten Bestandteilen der Mahlzeiten verfahren. So gibt es z. B. bei Kartoffelsuppe mit Würstchen ein Foto von der Suppe im Teller und je ein Foto von rohen Kartoffeln, Möhren und Würstchen.

Auf diese Weise sehen die Kinder das einerseits das fertige Gericht, aber auch die Lebensmittel, die es enthält. Die **Fotos** sind für die Umsetzung in Gruppen der unter 3-Jährigen unverzichtbar, weil Kleinkinder noch eine visuelle Darstellung zur Information brauchen. Kindergartenkinder hingegen können meistens auch ohne Fotos aus der Erinnerung an ein besonders leckeres Essen eine Entscheidung treffen.

Ein zusätzlicher Effekt bei dieser Methode ist es, dass alle Kinder den Koch kennenlernen, der das Essen für sie zubereitet.

Umsetzung in der Kita

Der Koch besucht montags eine Gruppe im Morgenkreis und stellt den Kindern die Wahlmöglichkeiten vor. Da die Speisenfolge in der Woche aufeinander abgestimmt ist, gibt es manchmal Vorgaben für die Wahl, z.B.:

* „Ihr könnt euch ein Mittagessen frei aussuchen."
* „Das Essen, das ihr aussucht, muss Kartoffeln (möglicherweise in jeglicher Variante, dann die Kinder aufzählen lassen, welche sie kennen) enthalten."
* „Das Essen, das ihr aussucht, muss Fisch (oder Gemüse oder Nudeln usw.) enthalten."
* „Das Essen, das ihr aussucht, darf kein Fleisch enthalten." Leichter ist es allerdings für die Kinder, wenn gesagt wird, was es enthalten soll (s. Kap. 3.1, S. 42).

Die Kinder nennen einige Gerichte. Die pädagogische Fachkraft schreibt jedes genannte Wunschessen auf einen Zettel. Wie bereits erwähnt, ist es zur visuellen Verdeutlichung gut, wenn es **Fotos von den Mahlzeiten** und ihren Grundbestandteilen gibt. Diese werden in die Mitte des Kreises gelegt. Jedes Kind hat einen Duplo-, Lego- oder Holzbaustein und legt diesen auf die Abbildung seines Wunschessens. Auf diese Weise entsteht ein Turm, der höchste Turm befindet sich auf dem Bild mit dem Wunschessen der Woche. Das gewählte Essen gibt es in der nächsten Woche. Optimal wäre bei dieser Vorgehensweise eine größere zeitliche Nähe zwischen Auswahlverfahren und Mahlzeit, wenn also die Kinder montags aussuchen würden und ihr Wunschessen am Mittwoch genießen könnten. Dieses Vorgehen ist bei größeren Einrichtungen wegen des Vorlaufs bei den Lebensmittelbestellungen und -lieferzeiten in der Regel nicht möglich.

3

Am Tag, an dem es das Wunschessen der Gruppe gibt, fragt die pädagogische Fachkraft im Morgenkreis: „Letzte Woche war unser Koch Stefan bei uns, erinnert ihr euch?" „Welches Essen hattet ihr euch ausgesucht?" „Genau: Pizza Margherita und Salat. Und das gibt es heute Mittag!"

Umsetzung in der Kitagruppe, der unter 3-Jährigen
Der Koch geht montags in den Morgenkreis und stellt den Kindern die Wahlmöglichkeiten mit den entsprechenden Fotos vor. Es hat sich bewährt, eine Auswahl zwischen zwei Gerichten anzubieten. Da die Speisenfolge in der Woche aufeinander abgestimmt ist, bestimmt der Koch die beiden Wahlmöglichkeiten vorher, z. B.: „Ihr könnt euch heute eines von diesen beiden Gerichten aussuchen." Der Koch legt die Fotos von beiden Tellergerichten in den Kreis und erklärt mithilfe der Fotos die Zutaten, die Hauptbestandteile der beiden Mahlzeiten sind.

Die pädagogische Fachkraft gibt den Kindern einen Duplo-Stein oder Ähnliches in die Hand, und die Kinder legen diesen auf das Bild mit der Mahlzeit ihrer Wahl. Bei sehr jungen Kindern ist es notwendig, dass die Erzieherin die Reaktion der Kinder empathisch von Mimik und Gestik abliest und sie bei der Wahl eng begleitet.

Da es das Wunschessen aus organisatorischen Gründen erst eine Woche später gibt, ist die Zeitspanne zwischen Wahl und tatsächlicher Mahlzeit für die Kinder zu groß. Deshalb kommt der Koch an dem Tag, an dem es das Wunschessen gibt, noch einmal mit den Fotos in den Morgenkreis. So erinnern sich die Kleinen an ihre Wahl und wissen, was es heute Mittag zu essen gibt.

AUFGABE allein

Gehen Sie Ihren Alltag in der Kita in Gedanken durch. Wo werden die Kinder an Entscheidungen beteiligt? An welchen Stellen können Sie sich vorstellen, die Kinder um ihre Meinung zu fragen? Wo können Sie sich eine Beteiligung der Kinder gar nicht vorstellen?

AUFGABE im Team

Die Teammitglieder bearbeiten die Aufgabe zunächst allein. Anschließend stellt jede/-r die Situationen vor, in denen er/sie sich mehr Beteiligung der Kinder vorstellen kann. Gemeinsam werden diese Aktionen gesammelt. Bei welchen Situationen sind Sie sich einig? Überlegen Sie gemeinsam: Was fehlt bei den strittigen Themen, um eine Beteiligung der Kinder umzusetzen?

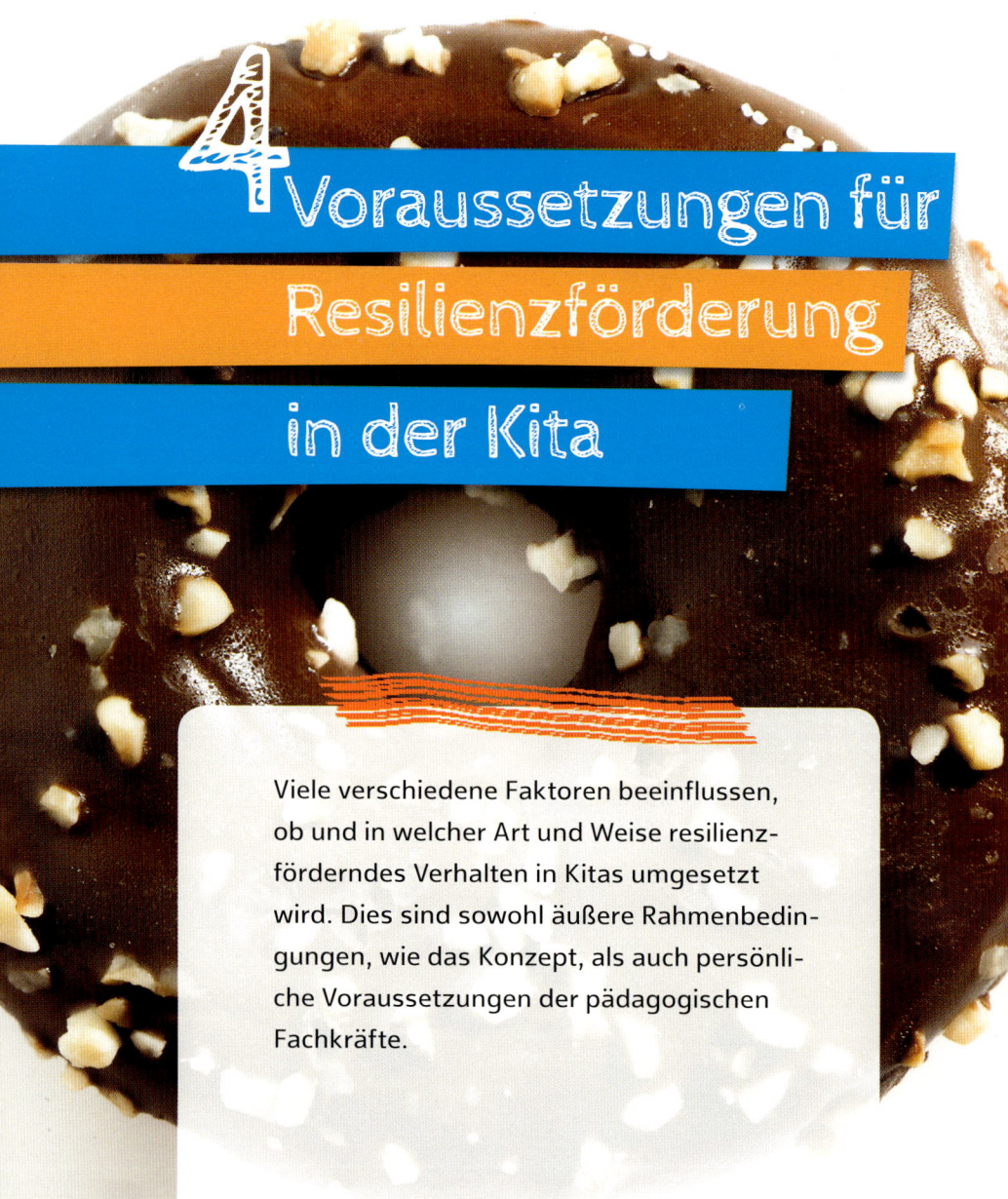

4 Voraussetzungen für Resilienzförderung in der Kita

Viele verschiedene Faktoren beeinflussen, ob und in welcher Art und Weise resilienzförderndes Verhalten in Kitas umgesetzt wird. Dies sind sowohl äußere Rahmenbedingungen, wie das Konzept, als auch persönliche Voraussetzungen der pädagogischen Fachkräfte.

4

Damit ein resilienzförderndes Verhalten in einer Kita adäquat umgesetzt werden kann, sind einige Voraussetzungen notwendig. An erster Stelle ist hier natürlich die Bereitschaft der Erzieherinnen zu nennen. Diese kann auch bei der Auseinandersetzung mit dem Thema im Team und bei Fortbildungen wachsen. Auch die Einsicht in die Notwendigkeit einer resilienzfördernden pädagogischen Haltung zum Wohle des Kindes beim Erfüllen des Erziehungs- und Bildungsauftrags ist wichtig. Des Weiteren sind natürlich auch strukturelle Gegebenheiten und diesbezügliche Rahmenbedingungen von Bedeutung. Das Team der Einrichtung sollte sich einig und die Umsetzung der Resilienzförderung Teil des pädagogischen Konzepts sein. Diese Haltung schließt auch den Kontakt zu den Eltern im Rahmen der Erziehungspartnerschaft ein. Auch hierfür sollte das Personal der Einrichtung geschult werden.

Fachkenntnisse zum Thema können pädagogischen Fachkräfte durch das Lesen entsprechender Literatur oder den Besuch von Fortbildungen erwerben.

4.1 Verankerung der Resilienzförderung im pädagogischen Konzept

Welches Konzept dient als Grundlage der pädagogischen Arbeit in der Kita? Ist dort Partizipation beschrieben? Welches Bild vom Kind ist die gemeinsame Basis der pädagogischen Arbeit? Die Behandlung dieser und vieler weiterer Themen ist von zentraler Bedeutung, um ein resilienzförderndes Verhalten in der Einrichtung bzw. bei den Teammitgliedern zu implementieren. Sinnvoll ist auf jeden Fall eine gemeinsame hausinterne **Fortbildung**, die nach Möglichkeit über ein bis zwei Tage geht. Diese ermöglicht es dem gesamten Team, sich unter fachkundiger Moderation mit dem Thema „Resilienz" auseinanderzusetzen. Die Teammitglieder können gemeinsam das Für und Wider von Methoden und Verhaltensweisen abwägen, Stolpersteine, aber auch Vorteile entdecken. Gleichzeitig können sich die Teammitglieder gegenseitig motivieren, das erlernte Verhalten im Alltag anzuwenden und eventuelle Umstrukturierungen gemeinsam planen und gestalten. Wichtig sind klare Absprachen und eine gewisse Einigkeit im Umgang mit den Kindern. Grundlegende Regeln, Handlungsstrategien und Abläufe müssen für alle Mitarbeiter/-innen im **pädagogischen Konzept** hinterlegt sein.

Wie wichtig ist es beispielsweise, dass in der Kita ein bestimmter **Tagesablauf** einhalten wird? Dieser kann z. B. folgendermaßen aussehen: Zwischen 8.00 und 8.30 Uhr werden die Kinder gebracht. Anschließend beginnt um 8.30 Uhr der Morgenkreis. Um 9.00 Uhr startet das gemeinsame Frühstück bis 9.30 Uhr. Dann stehen Zähneputzen und Händewaschen auf dem Plan. Von 9.45 Uhr bis 10.45 Uhr gibt es ein geplantes Angebot, an dem die Kinder nach und nach alle teilnehmen (müssen), damit alle etwas Gebasteltes mit nach Hause nehmen können. Zwischen 10.45 bis 12.00 Uhr ziehen sich die Kinder

an, um in den Garten zu gehen und dort zu spielen. Anschließend ziehen sie sich um und waschen sich die Hände, bevor es um 12.15 Uhr Mittagessen gibt.

Das ist ein straffer Plan. Es gibt einige Einrichtungen, in denen die pädagogischen Fachkräfte versuchen, ihn einzuhalten und immer wieder scheitern. Sei es, dass die Eltern ihre Kinder später bringen oder zwei, drei Kinder den Waschraum unter Wasser setzen oder ein Kind sich weigert, die Regenhose anzuziehen …
Die Frage ist in diesem Zusammenhang, was in diesen Fällen wichtig ist: den Tagesablauf einzuhalten oder beispielsweise das große Interesse der Kinder an Wasserspielen aufzugreifen? Natürlich ist eine geregelte, für die Kinder verlässliche Struktur im Alltag wichtig. Gleichzeitig ist es aber auch wichtig, dass die Erzieherinnen die Bedürfnisse der Kinder wahrnehmen. Sind sie zu sehr damit beschäftigt, einen vorgegebenen Zeitplan mit bestimmten Stationen (vielleicht zu vielen und zu langwierigen) einzuhalten, bleibt unter Umständen nur wenig Aufmerksamkeit für die einzelnen Kinder. An dieser Stelle ist eine Übereinstimmung der Wertigkeiten im gesamten Team auf Basis des pädagogischen Konzepts wichtig.

4

AUFGABE im Team

Hinweis: Die folgende Aufgabe wird im Team bearbeitet, muss aber von einem Spielleiter vorbereitet werden.

Auf YouTube wird der Film „The Monkey Business Illusion" von Daniel Simons gesucht (unter www.youtube.com/watch?v= IGQmdoK_ZfY [15.12.2017]) gesucht. Die Spielleitung kündigt einen kurzen Film zum Thema „Wahrnehmung" an: „Ihr seht jetzt einen kurzen Film. Es spielen zwei Teams Basketball gegeneinander. Eins hat weiße und das andere schwarze T-Shirts an. Zählt gleich nur die Ballwechsel des weißen Teams. Wenn der Film zu Ende ist, werde ich euch nach eurem Ergebnis fragen."

Zeigen Sie den Film und stoppen Sie unbedingt, bevor im Film nach dem Gorilla gefragt wird! Befragen Sie alle Zuschauer/-innen nach ihrem Ergebnis. Anschließend fragen Sie: „Wer hat den Gorilla gesehen?" Es werden ihn einige Teammitglieder gesehen haben und einige nicht. Nun zeigen Sie den Film noch einmal von vorn. Mit diesem Film wird schnell deutlich, wie viel wir im Alltag übersehen und wie selektiv die menschliche Wahrnehmung funktioniert.

Im Sinne eines wertschätzenden und respektvollen Umgangs mit den Kindern ist ein entsprechendes **pädagogisches Konzept** wichtig. Hierauf können sich die pädagogischen Fachkräfte immer wieder berufen und dadurch Sicherheit für ihre Arbeit gewinnen. Die **Kinderbeteiligung** muss sowohl in einem pädagogischen Konzept als auch in den Köpfen der Teammitglieder verankert sein, damit der Alltag dementsprechend gestaltet werden kann. So können die Kinder z. B. gefragt werden, ob sie heute in den Garten gehen oder lieber im Waschraum Experimente mit Wasser machen möchten. Wie sinnvoll eine derartige Vorgehensweise ist, besagt das folgende Zitat:

„Es besteht keine Möglichkeit einer direkten Übertragung von Erfahrung/Wissen/Kompetenzen vom Erwachsenen auf Kinder.

Zwischen der anzueignenden Kultur und dem Kind steht grundsätzlich eine Konstruktionsleistung des Kindes."

(Andres und Laewen, 2002, S. 14)

4.2 Die eigene Haltung

„Warum sind Sie Erzieherin geworden?" Einige der Befragten antworten auf diese Frage ungefähr so: „Weil ich Kinder gern mag und mit ihnen arbeiten möchte.", „Weil die Kleinen so süß und knuddelig sind.", „Je jünger sie sind, desto mehr kann ich für sie tun.", „Sie können ja manchmal noch nicht laufen, ich trage sie gern herum, deshalb möchte ich unbedingt in der Kita, die unter 3-Jährigen betreuen.!"
Derartige Aussagen kommen öfter vor, und sie zeigen deutlich, dass manche der pädagogischen Fachkräfte eher bei sich und ihren **eigenen Bedürfnissen** sind. Wenn dies der Fall ist, so wird es ihnen vermutlich schwerfallen, die Resilienz der Kinder zu fördern und sie mit der notwendigen professionellen Herangehensweise in der Entwicklung zu begleiten und ihnen selbstwirksame Erfahrungen zu ermöglichen.

Schon während ihrer Berufsausbildung stellen die angehenden pädagogischen Fachkräfte fest, wie viel mehr als die Freude an der Arbeit mit Kindern zu diesem Beruf gehört. Sie lernen, dass neben theoretischem Wissen (z. B. Kenntnisse über die Entwicklung des Kindes, über Kommunikationstheorien sowie über Didaktik und Methodik) insbesondere die **Selbstreflektion** eine unverzichtbare Fähigkeit ist.

> **Selbstreflexion hilft, die eigenen Bedürfnisse von denen der Kinder zu unterscheiden.**

4

Fragen zur Selbstreflektion: Resilienzförderndes Verhalten

Haben Sie das Bedürfnis des Kindes wahrgenommen?

_____

_____

Beschreiben Sie das wahrgenommene Bedürfnis.

_____

_____

Wie war Ihre erste Reaktion?

_____

_____

Beschreiben Sie Ihr Handeln.

_____

_____

Im Rückblick: War Ihr Verhalten angemessen?

_____

_____

Was wollten Sie mit Ihrer Reaktion erreichen?

_____

_____

Was hat das Kind Ihrer Meinung nach in der Situation empfunden?

_____

_____

Was würden Sie nächstes Mal anders machen?

_____

_____

Wer oder was könnte Sie dabei unterstützen?

_____

_____

© Beier

Der eigene pädagogische Stil festigt sich meistens im Laufe der Berufsjahre. Dieser ist entscheidend für die Art und Weise, wie pädagogische Fachkräfte mit den Kindern, Eltern und ihren Kolleginnen und Kollegen umgehen. Gute Vorbilder leben einen respektvollen, inklusiven Umgang mit allen vor und sehen jeden Einzelnen als wertvolles Mitglied des ganzen Systems, der Gemeinschaft, an. Während der Berufsausbildung und der

ersten beruflichen Erfahrungen ist es gut, wenn in der Einrichtung eine ressourcenorientierte Haltung gelebt wird, in der Kinder beteiligt und als eigene Persönlichkeiten respektiert und behandelt werden. Dies ist eine Voraussetzung, um die Resilienz sowohl der Kinder als auch der Teammitglieder zu stärken.

„Eine professionelle Haltung ist ein hoch individualisiertes Muster von Einstellungen, Werten, Überzeugungen, das durch einen authentischen Selbstbezug und objektive Selbstkompetenzen zustande kommt. Wie ein innerer Kompass ermöglicht sie die Stabilität, Nachhaltigkeit und Kontextsensibilität des Urteilens und Handelns — zum Beispiel im Hinblick auf die Möglichkeiten, Bedürfnisse und Fähigkeiten von Kindern, Eltern oder KollegInnen.“

(Göttinger Kongresse für Erziehung und Bildung. Copyright Dr. Karl Gebauer, Interview mit Prof. Dr. Claudia Solzbacher, unter www.goe-keb.de/solzbacher_interview/ [15.12.2017])

Im Laufe ihres Lebens machen alle Menschen zahllose Erfahrungen – sowohl positive als auch negative. Zuerst werden Bindungen zu den Eltern und Geschwistern entwickelt. Sind diese tief und stabil, so können sie Halt und Sicherheit geben. Manchmal sind diese Bindungen auch unsicher, wodurch die Entwicklung eines guten Selbstwertgefühls erschwert wird.

4

Wenn sie in die Kita kommen, treten Kinder in einen intensiveren Kontakt zu zunächst fremden Menschen. Mit der Zeit bauen sie zu diesen eine Beziehung auf und entwickeln Vertrauen zu ihnen. Sie sammeln Erfahrungen im Umgang mit anderen Personen und Systemen. Es werden neue Verhaltensweisen erforderlich und neue Handlungspläne entwickelt und ausprobiert. Die ersten Normen und **Werte** werden Kindern natürlich in ihrer Familie vermittelt. Diese sind selbst bei regionalen und kulturellen Gleichheiten auch immer individuell unterschiedlich. So lernen Kinder beispielsweise, was gut und was böse ist, wobei Werte und Normen hier von Familie zu Familie abweichen können. Im Kontakt mit den Eltern und anderen wichtigen Menschen aus ihrer Umgebung entwickeln Kinder ein Selbstbild von sich. All diese Erfahrungen tragen zu den Selbstkompetenzen bei, und es entstehen Überzeugungen, Vorlieben und Wertvorstellungen.

In einem lebenslangen Prozess passen Menschen ihre Fähigkeiten und Denkmuster immer wieder neuen Erfahrungen an. So baut in der Berufsausbildung und später im Berufsalltag jede/-r Einzelne auf bereits vorhandene individuelle Fähigkeiten und Erfahrungen auf. Wichtig ist es hierbei für Erzieherinnen, persönliche Erfahrungen vom beruflichen Kontext zu differenzieren. Hilfreich kann in diesem Zusammenhang der Erwerb von Fachwissen, z. B. über Entwicklungspsychologie, Aufgabenfelder, Gruppenzusammenhänge etc. sein. Dies hilft auch dabei, persönliche Bedürfnisse von denen der Kinder, Eltern und Teammitglieder zu unterscheiden. Gelingt dies, so können die pädagogischen Fachkräfte empathisch Bedürfnisse anderer wahrnehmen und deren Relevanz einordnen. In diesem Prozess der Auseinandersetzung mit eigenen Erfahrungen, dem fachlichen Wissen und neu gewonnenen Erkenntnissen entwickelt sich die persönliche pädagogische Haltung.

Diese professionelle Haltung ist absolut notwendig, damit eine entwicklungsförderliche respektvolle Beziehung zu den Kindern und deren Eltern entstehen kann. Denn Kinder lernen nur in Beziehung zu anderen Menschen. **Feinfühligkeit** ist in diesem Zusammenhang eine wichtige Fähigkeit einer pädagogischen Fachkraft. Damit kann sie die Äußerungen der Kinder und auch der Eltern wahrnehmen und responsiv angemessen darauf reagieren. Dies ist eine der Voraussetzungen, um das pädagogische Verhältnis, also die Beziehung zu den Kindern, entwicklungsfördernd zu gestalten.

In der Kita handeln Erzieherinnen in einem beruflichen Kontext und dienen insbesondere den Kindern als **Vorbild**. Auch hier ist eine professionelle, feinfühlige und respektvolle Haltung unerlässlich, auch damit sie pädagogisch fundiert agieren und reagieren können.

Die Auseinandersetzung mit folgenden Fragen zum Thema „Resilienzförderung in der Kita" kann für pädagogische Fachkräfte hilfreich sein:

* Wie kann ein wertschätzender, respektvoller Kontakt zu den Kindern gelingen?
* Woran erkenne ich, dass es gelingt?
* Wann fällt es mir schwer, feinfühlig zu sein, was befürchte ich in diesem Fällen oder was hindert mich daran?
* Was brauche ich, um feinfühlig sein zu können?
* Wie kann ich den Tagesablauf in der Kita gestalten, damit ich nicht nur die Gruppe, sondern auch die einzelnen Kinder wahrnehme?

AUFGABE allein

Beantworten Sie folgende Fragen:
* Was bedeutet Feinfühligkeit für mich?
* In welchen Situationen gelingt es mir leicht, feinfühlig zu sein?
* Wie ist meine Einstellung zur Feinfühligkeit gegenüber den Eltern der Kita-Kinder?

AUFGABE im Team

Die Teammitglieder bearbeiten die Aufgabe zunächst allein und stellen jeweils ihre Antworten vor. Sammeln Sie auf einem Flipchart die Antworten zu den jeweiligen Fragen. Arbeiten Sie gemeinsam heraus: Was brauchen die Teammitglieder, um feinfühlig im Alltag mit den Kindern und Eltern sein zu können?

4

4.3 Die Haltung im Team

Das pädagogische Konzept einer Kindertagesstätte ist deren Arbeitsgrundlage.

> **Definition: Pädagogisches Konzept einer Einrichtung**
> Im pädagogischen Konzept ist die Grundorientierung einer Einrichtung schriftlich festgelegt, mit der sie den Betreuungs-, Bildungs- und Erziehungsauftrag wirkungsvoll umsetzen möchte.

Im pädagogischen Konzept ist also alles schriftlich festgehalten, was für die Arbeit mit den Kindern und Eltern wichtig ist. Das ist die eine Seite. Die andere Seite ist, wie die pädagogischen Fachkräfte das pädagogische Konzept der Kita umsetzen. Die Art und Weise der Umsetzung wird durch die persönliche Haltung der einzelnen Teammitglieder bestimmt, die zusammen wiederum die pädagogische Haltung des Teams ergibt. Es ist notwendig, die pädagogischen Fachkräfte bei der Entstehung des Konzepts zu beteiligen, denn eine größtmögliche Übereinstimmung zwischen dem pädagogischen Konzept einer Einrichtung und der persönlichen Haltung der Erzieherinnen ermöglicht erst eine gute pädagogische und auf das Kind fokussierte Arbeit. Fehlt diese Einigkeit, sind die Teammitglieder meistens eher mit sich und dem Finden ihres Platzes im *System Kita* beschäftigt. Oft versuchen sie dann, sich zu stabilisieren und sich gegen Kollegen abzugrenzen, sie rechtfertigen ihre pädagogische Arbeit und suchen Fehler bei den anderen. Damit sind sie von ihrer Arbeit am Kind abgelenkt, und es ist für sie dann oft schwer, die Kinder empathisch mit all ihren Äußerungen wahrzunehmen. In diesem Fall kann es sein, dass die Abstimmung (Responsivität) mit dem Kind schlechter gelingt und auf beiden Seiten Frust und negative Gefühle entstehen.

Sind sich dagegen alle Teammitglieder über eine dem Kind zugewandte und eine wertschätzende Haltung allen gegenüber einig, fällt es in der Regel den einzelnen pädagogischen Fachkräften leichter, auch in stressigen Situationen mit der Aufmerksamkeit beim Kind zu bleiben. Durch die Einigkeit über die pädagogischen Ziele der Einrichtung erleben

sie sich als wertvolle Mitglieder des pädagogischen Teams (Kohärenz-gefühl). Werden die Meinungen aller gehört, Anregungen oder Änderungswünsche aufgenommen, besprochen und ggf. auch umgesetzt, so erfahren die Teammitglieder Selbstwirksamkeit.

Es gibt Teams, die Konflikte oder Schwierigkeiten als Herausforderungen ansehen, welche sie gemeinsam bewältigen können. Jeder nimmt seinen Teil der Verantwortung wahr und trägt konstruktiv zu einer Lösung des Problems bei. Dies bewirkt, dass die Resilienz jeder einzelnen pädagogischen Fachkraft gestärkt wird. So können Erzieherinnen gute Vorbilder für die Kinder – und auch deren Eltern – in der Kita sein. Gleichzeitig haben sie durch ihre Vorbildfunktion sehr gute Voraussetzungen, um die Resilienz der Kinder zu stärken.

Es folgen einige Aufgaben/Übungen, die bei der Annäherung an eine gemeinsame Haltung unterstützen können.

AUFGABE allein

Beantworten Sie folgende Fragen für sich: Worüber sind wir uns im Team der Kita einig? Worüber sollten wir uns noch weiter abstimmen? Womit bin ich besonders zufrieden?

AUFGABE im Team

Die Teammitglieder bearbeiten die Aufgabe zunächst allein und stellen anschließend ihre Antworten vor. Sammeln Sie auf einem Flipchart die Antworten zu den jeweiligen Fragen. Schauen Sie: Bei welchen Situationen sind Sie sich einig? Was fehlt bei den strittigen Themen, um eine Einigung zu erzielen? Sie können auch mithilfe von Klebepunkten zunächst die Antworten mit der größten Übereinstimmung ermitteln.

ÜBUNGEN im Team

1. Übung
Dies ist eine Übung zu zweit: Eine pädagogische Fachkraft sitzt auf einem Stuhl mit Rückenlehne, die andere steht hinter dem Stuhl.

1. Die Sitzende beginnt zu kippeln, die Stehende hält sie wortlos ganz fest, sodass ein Kippeln des Stuhls nicht mehr möglich ist.
2. Die Sitzende beginnt zu kippeln. Die Stehende gibt ihr Halt an den Schultern, sie lässt das Kippeln im Rahmen zu.

4

3. Die Sitzende beginnt zu kippeln, die Stehende kippt wortlos und unvermittelt den Stuhl nach hinten.

Wie war Ihr Gefühl in den jeweiligen Situationen? Besprechen Sie das jeweilige Gefühl auf beiden Seiten für jede Situation. Dann tauschen Sie die Rollen. Überlegen Sie nach dem Austausch Ihrer Erfahrungen, auf welche Situationen im Alltag mit den Kindern sich Ihre Erlebnisse übertragen lassen. Ergeben sich daraus Ansätze für Veränderungen in Ihrem Berufsalltag?

Fazit zu 1.: Das komplette Unterbinden des Kippelns ist eine sehr starke Einschränkung. Außerdem fehlen hier die Worte, die das Handeln ankündigen und begleiten. Dies gäbe der sitzenden Person Orientierung und ihre Aufmerksamkeit würde auf die zu erwartende Handlung fokussiert.
Fazit zu 2.: Der Körperkontakt leitet eine beruhigende Handlung ein, die Aufmerksamkeit der Kippelnden wird gebündelt. Soll sie mit dem Kippeln ganz aufhören – z. B. weil es beim Essen stört – kann dies nun mit freundlichen Worten gesagt werden.
Fazit zu 3.: In dieser Situation verhält sich die stehende Person eindeutig übergriffig. Die Sitzende wird sich vermutlich sehr erschrecken und ist der Situation hilflos ausgeliefert.

2. Übung
Dies ist eine Übung zu zweit: Stellen Sie ein leeres Glas und eine Kanne, die sonst von den Kindern benutzt wird, mit Wasser auf den Tisch. Nun „spielt" eine pädagogische Fachkraft ein Kind, das sich Wasser einschenken möchte. Die andere ist ihr dabei behilflich, sie verhält sich so, wie sie es sonst auch im Umgang mit den Kindern tut. Dann tauschen Sie die Rollen. Besprechen Sie: Wie fühlt sich die Hilfe beim Eingießen an? War sie angemessen? Oder hat die Helfende das Einschenken für Sie (das „Kind") übernommen und Sie haben vielleicht die Kanne losgelassen? Wurde das Helfen sprachlich begleitet?

Variationen: Sie können die hier beschriebene Übung auch mit anderen Handlungen aus dem Kita-Alltag durchführen, z. B: Brot schmieren, Essen auffüllen, Füttern, Anziehen von Gummistiefeln, Hausschuhen oder Jacken usw.

4.4 Unvoreingenommenheit als Grundlage der Resilienzförderung

Im Umgang mit Kindern ist Unvoreingenommenheit wichtig und ein wichtiges Element der Resilienzförderung. Gerade für neue Kinder, die in die Kita kommen, ist eine offene und warmherzige Willkommenskultur notwendig. Diese erleichtert den Kindern das Ankommen und Eingewöhnen. Jeder Mensch ist unvergleichlich und individuell und hat das soziale Bedürfnis, so wahrgenommen zu werden. Das heißt auch, die Kinder so anzunehmen, wie sie sind, ohne sie zu bewerten oder innerlich in Schubladen zu packen. Menschen werden in der Regel sehr schnell in Schubladen gesteckt und positiv oder negativ bewertet.

BEISPIELE

* *Die Mutter des neuen Kindes sieht aus wie die tolle Schauspielerin, die ich so mag – und schon ist die Person zunächst positiv besetzt.*

* *Der Vater von Chiara spricht genauso wie mein schwieriger Vermieter – und schon ist seine Person zunächst negativ besetzt.*

* *Das neue Mädchen weint beim Hereinkommen in die Gruppe – sofort kommen Erinnerungen an eine zurückliegende schwierige Eingewöhnung mitsamt allen Befürchtungen hoch. Das neue Mädchen wird eher kritisch betrachtet.*

Alle Menschen machen im Laufe ihres Lebens Erfahrungen mit ihren Mitmenschen (siehe auch Kap. 2.4, S. 24). Hierbei handelt es sich sowohl um positive als auch um negative Erlebnisse. Diese können mit bestimmten Situationen, Personen, Gerüchen, Geräuschen und körperlichen Empfindungen verknüpft sein. Erlebnisse und Erfahrungen prägen die Persönlichkeit eines Menschen mit, und die Individuen bilden sich Urteile über und zu den Geschehnissen und Personen. In manchen Fällen werden diese verallgemeinert, sodass **Vorurteile** entstehen. Vorurteile führen dazu, dass bestimmte Verhaltensweisen und daraus folgende Konsequenzen automatisch erwartet werden. In diesem Kontext sind oftmals folgende Aussagen zu hören:

* „Damit habe ich schlechte Erfahrungen gemacht."
* „Meine vorherige Chefin hat mich auch immer nur kritisiert, dann wird es die neue wohl auch tun."

* „Wir hatten schon zweimal Familien aus der Albertstraße, ich weiß schon, was da auf uns zukommt."
* „Mädchen sind viel ruhiger als Jungs."

Vorurteile helfen, das Leben zu vereinfachen: Es werden „Schubladen" eingerichtet, in die dann ähnliche und vergleichbare Erfahrungen eingeordnet werden. Dies ist in vielen Zusammenhängen sehr sinnvoll, z. B. in Gefahrensituationen.

BEISPIELE

* *Ein kleines Mädchen hat sich an einer brennenden Kerze verbrannt. Nachdem ihm dies mehrmals passiert ist, weiß es, dass es im Umgang mit Feuer vorsichtig sein muss, da es sich hierbei schmerzhaft verletzen kann.*
* *Ein kleines Kind wird von einem Mann, der einen dunklen Bart und eine dunkel eingefasste Brille trägt, geschlagen. Dieses Kind wird ein zweites Mal und vielleicht ein drittes Mal von diesem Mann geschlagen. Die von ihm gespeichert Erfahrung ist: Männer mit Bart und/oder Brille sind gewalttätig. Das Kind hat nun vor allen Männern mit Bart und/oder Brille Angst.*
  Umgekehrt können natürlich Erfahrungen auch im Positiven gespeichert werden: Ein Mann mit Bart und Brille tröstet ein Kind und macht Spaß mit ihm. Geschieht dies wiederholt, so ist das Kind Männern mit diesem Äußeren positiv zugewandt, weil es weiterhin Trost bzw. Spaß erwartet.

Pädagogische Fachkräfte sammeln im Laufe der Berufsjahre immer mehr Erfahrungen mit verschiedenen Kindern, Eltern und Kollegen/Kolleginnen. Es entstehen automatisch verschiedenste Vorurteile, wodurch es immer schwerer wird, neuen Menschen unvoreingenommen gegenüberzutreten. Gleichzeitig ist ein resilienzfördernder und wertschätzender Umgang mit allen Kindern und Eltern nur durch eine wertfreie und vorurteilsfreie Offenheit möglich. Das kann durch

achtsames Wahrnehmen der neuen Kinder und bewusstes Zurückhalten von vorgefertigten Meinungen, Erwartungen und Annahmen, besonders den bekannten Kindern gegenüber, gelingen. In diesem Fall fallen Sätze seltener, wie: „Das ist ja mal wieder typisch für dich.", „Das war ja klar, dass du das Glas umkippst!", „Ich habe ja gleich gewusst, dass du das warst!"

Achtsam zu sein, heißt, im Augenblick wahrzunehmen, was ist, ohne es zu bewerten oder verändern zu wollen.

AUFGABE im Team

Hinweis: Diese Aufgabe braucht eine Spielleitung. Dies kann ggf. von der Kita-Leitung übernommen werden. Sie benötigen eine Packung mit Rosinen und einen Teelöffel zum Verteilen.
Die Kita-Leitung moderiert die folgende Achtsamkeitsübung:
„Stellt euch vor, ihr kommt von einem fremden Planeten wie dem Mars. Ihr seht Rosinen zum allererste Mal. Ihr kennt sie nicht und wisst nicht, was das ist. Jetzt folgt ihr meinen Anweisungen Schritt für Schritt."

Erster Teil:
Jede pädagogische Fachkraft bekommt mit dem Teelöffel drei Rosinen in die Hand gelegt. Jede sucht sich davon eine Rosine aus und nimmt sie in die andere Hand.
* Aufgabe zum „Sehen": Beschreiben Sie, was Sie sehen.
* Aufgabe zum „Fühlen": Beschreiben Sie, was Sie fühlen, wenn Sie die Augen geschlossen halten.
* Aufgabe zum „Riechen": Beschreiben Sie, was Sie riechen.
* Aufgabe zum „Hören": Beschreiben Sie, was Sie hören.
* Aufgabe zum „Schmecken": Legen Sie die Rosine vorn auf die Zungenspitze, kauen Sie sie nicht und widerstehen Sie dem Schluckimpuls („wir haben immer eine Entscheidung"). Beschreiben Sie, was Sie schmecken. Dann kauen Sie die Rosine, schlucken sie aber nicht herunter. Nun kauen Sie die Rosine weiter und entscheiden sich nach einiger Zeit, sie zu schlucken. Beschreiben Sie nun, wie das war.

Zweiter Teil:
Jede/-r sucht sich eine zweite Rosine aus.
Alle Aufgaben werden wieder wie oben gestellt. Nach dem
Hinunterschlucken der Rosine kommt die Frage: Was war jetzt
anders als bei der ersten Rosine?
Dritter Teil: Jede/-r nimmt die letzte Rosine und isst sie, wie sonst
auch. Was war jetzt anders als bei der ersten und zweiten Rosine?

Erläuterung:
Bei der ersten Rosine sind wir im „Entdeckermodus".
Wir gehen unvoreingenommen und wertfrei an das Thema heran.
Bei der zweiten Rosine ist bereits ein „Konzept Rosine" entwickelt
worden, das wir auf weitere Rosinen übertragen können. Wir
vergleichen sie automatisch mit der ersten, die Unvoreingenommenheit ist weg („Ich-weiß-schon-Modus").
Bei der dritten Rosine meinen wir, alles zu kennen und achten
nicht mehr auf Details. Das ist der sog. „Autopilot-Modus". Dieser
ist z. B. aktiv, wenn jemand jahrelang immer denselben Weg zur
Arbeit fährt. Beim Ankommen weiß er dann meistens nicht mehr,
ob die Ampel rot war, wer im Bus nebenan saß, wie viele Fahrrä-
der unterwegs waren usw.

4.5 Der Faktor Zeit

Wenn es um Gründe geht, weshalb eine resilienzfördernde Pädagogik in
der Kita nicht grundlegend umgesetzt werden kann, wird hauptsächlich
der Faktor Zeit genannt. In diesem Zusammenhang sind oftmals folgende
oder ähnliche Aussagen zu hören: „Wann sollen wir das denn noch machen?", „Wenn ich jedes Kind nach seiner Meinung frage, kommen wir nie
in den Garten.", „Nee, manche Kinder brauchen ewig, bis die sich ent-
schieden haben, da spare ich mir das Fragen."
Gleich danach kommt der Faktor, dass die Erzieherinnen manchmal zu wenig
Wissen über die möglichen Auswirkungen des eigenen pädagogischen
Handelns haben: „Da habe ich noch nie so drüber nachgedacht.", „Jetzt
fallen mir so viele Situationen ein, die ich bislang nicht verstanden habe."

Natürlich kostet es am Anfang Zeit, wenn die Kinder mitentscheiden
dürfen oder selbst Lösungswege für Probleme finden und Handlungsstrategien entwickeln. Sie müssen das alles erst einmal lernen, und das
braucht Zeit.
Wenn in einer Kita eine resilienzfördernde Pädagogik die Basis der
Arbeit ist, ist diese Haltung und Methode zugleich. Der ganze Tag

wird dementsprechend geplant und strukturiert. Die einzelnen Stationen wie der Morgenkreis, die Mahlzeiten etc. werden so gestaltet, dass den Kindern genügend Zeit für selbstbestimmtes Handeln bleibt. Anfangs dauert alles sicherlich länger als früher, weil sich alle Beteiligten an die neue Herangehensweise erst gewöhnen müssen. Aber mit der Zeit sammeln Kinder und Teammitglieder Erfahrungen und neue erfolgreiche Rituale und Abläufe etablieren sich.

Sind die Kinder es dann gewohnt, eigene Lösungsstrategien zu entwickeln und nach ihrer Meinung gefragt zu werden, können sie sich auch schneller entscheiden. Die anfängliche Irritation durch die ungewohnte Beteiligungsmöglichkeit weicht einer Zufriedenheit und der Bereitschaft, Verantwortung für sich und andere zu übernehmen. Es gibt zahlreiche Situationen im Kita-Alltag, die mit Partizipation und respektvollem Umgang gleich viel oder sogar weniger Zeit erfordern. Dies verdeutlicht das folgende Fallbeispiel.

Fallbeispiel

Julia ist zwei Jahre alt. Sie spielt in der Kinderküche und kocht gerade etwas für die Erzieherin Mona. Diese bemerkt durch den Geruch, dass Julias Windel gewechselt werden muss.

Nun gibt es verschiedene Möglichkeiten: Mona schnappt sich Julia mit den Worten: „Du brauchst eine frische Windel, wir gehen jetzt zum Wickeln ins Bad." Sie unterbricht ungefragt das Spiel des Kindes und setzt ihre Entscheidung durch. Julia könnte protestieren und sich zur Wehr setzen. In diesem Fall kann sich das Ganze eine Zeit lang hinziehen. Mona kann aber auch mit Julia sprechen:

Mona: „Julia, ich sehe du kochst grad etwas Leckeres für mich."

Julia: „Ja, es gibt Nudeln."

Mona: „Wie schön, ich liebe Nudeln. Julia, ich glaube, dass du die Windel voll hast, hast du AA gemacht?"

Julia: „Ja. Hier sind die Nudeln für dich."

Mona: „Vielen Dank. Ich probiere gleich. Ich möchte dich wickeln, kommst du bitte mit?"

Julia: „Gleich, erst probieren."

Mona: „Okay, dann probiere ich jetzt deine Nudeln und dann gehen wir beide ins Bad zum Wickeln."

Vermutlich wird Julia nach dem Probieren bereitwillig mit ins Bad gehen und sich wickeln lassen. Auf diese Weise ist das Kind respektvoll angesprochen und sein Wunsch bezüglich des Zeitpunkts akzeptiert worden. Julia konnte mitbestimmen und sich als selbstwirksam erleben. Ob überhaupt gewickelt wird oder nicht, stand jedoch nicht zur Wahl. Dies hat Mona durch ihre klare Formulierung deutlich gemacht.

4.6 Bedürfnisse der Kinder – Bedürfnisse Erwachsener

Kinder haben vielerlei Bedürfnisse (s. Kap. 3.2, S. 65). Es scheint selbstverständlich zu sein, dass die Grundbedürfnisse der Kinder nach Getränken, Nahrung und Schlaf erfüllt werden.

Aber schon beim **Schlaf** gibt es unterschiedliche Meinungen. So kollidiert manchmal das Bedürfnis der Eltern nach Ruhe am Abend mit dem Schlafbedürfnis des Kindes, weil dieses mittags Schlaf braucht und dann abends länger wach ist. Auch in den Kitagruppen, die bis 14.00 Uhr geöffnet haben, kommt das Schlafbedürfnis eines Kindes unter Umständen zu kurz. Einige Kinder müssen geweckt werden, weil sie abgeholt werden. Um das Wecken vermeiden zu können, müssten in diessen Gruppen eine Abholzeit ab 15.00 Uhr eingeführt werden. Dann könnten Kinder ihrem Bedarf entsprechend schlafen, in Ruhe wach und dann abgeholt werden.

Also stellt sich schon beim Grundbedürfnis eines Kindes nach Schlaf die Frage, um wessen Bedürfnis es denn tatsächlich geht.

Fallbeispiel

In einer Kita in Norddeutschland, die unter 3-Jährige betreut, wurde bislang Fasching gefeiert. Eine neue Leiterin hinterfragt dieses in einer Teambesprechung.

Wessen Bedürfnis bzw. besser gesagt, wessen Wunsch ist es, ein Faschingsfest in dieser Gruppe zu feiern?
Folgende Antworten gab es:
* „Die Eltern möchten ihre Kinder gern verkleiden."
* „Die Kinder sehen doch so süß aus in ihrer Verkleidung."
* „Die Kinder haben meistens Spaß an der Feier."

Welchen Nutzen/Lerneffekt haben die Kinder beim Fasching?
Folgende Antworten gab es:
* „Da habe ich noch nie drüber nachgedacht."
* „Die Kleinen sehen die anderen Kinder und uns in Kostümen und können eine Objektpräsenz entwickeln."

* „Sie haben schöne Fotos als Erinnerung in ihrem Portfolio."

Ist die Faschingsfeier ein Bedürfnis der Kinder?
Folgende Antworten gab es:
* „Nein, ich glaube nicht."
* „Ich habe bemerkt, dass manche Kinder mich nicht erkannt haben, das hat ihnen Angst gemacht."
* „Einige Kinder wollten sich nicht verkleiden."

Nach der Auswertung haben alle bemerkt, dass sie mit der Faschingsfeier einen Wunsch der Eltern erfüllt haben, weil sie dachten, dies müssten sie tun. Gemeinsam wurde beschlossen, in der Gruppe der unter 3-Jährigen keinen Fasching mehr zu feiern und bei anderen Festen die Kinder zu beteiligen.

Ebenso fragwürdig ist in der Gruppe der unter 3-Jährigen das Laternenlaufen zum Martinsfest. In der Regel laufen wohl hauptsächlich die Eltern mit der Laterne, die ihre Kinder im Buggy schieben. Denn diese sind bereits müde, wenn es endlich dunkel genug zum Laternenlaufen ist. Die Lieder singen erfahrungsgemäß die pädagogischen Fachkräfte mit der Unterstützung einiger Eltern. Das Team könnte in einer Reflexion überlegen, welches Fest in welcher Form für die unter 3-Jährigen geeignet ist. Gleichfalls können sie Feste für die Eltern mit diesen gemeinsam planen.

In der Kita ist es sinnvoll, die Kinder zu beteiligen, um herauszufinden, welche Feste sie mögen und wie diese gemeinsam gestaltet werden können.

AUFGABE allein

Beantworten Sie folgende Fragen für sich: Notieren Sie Feste und Rituale, die in Ihrer Gruppe begangen werden. Überprüfen Sie: Wessen Wunsch oder Bedürfnis wird damit entsprochen?

AUFGABE im Team

Die Teammitglieder bearbeiten die Aufgabe allein und stellen anschließend ihre Ergebnisse vor. Schreiben Sie die einzelnen Feste oder Rituale auf Moderationskarten. Bearbeiten Sie gemeinsam die oben gestellte Aufgabe. Überlegen Sie, ob diese Feste so bleiben sollen wie bislang, und wenn ja, welchen Nutzen die Kinder davon haben? Wenn die Antwort „Nein" lautet, überlegen Sie, was eine Alternative sein könnte.

5 Umsetzung der Resilienzförderung in der Kita

Wie kann Resilienzförderung in der Kita konkret aussehen? Welche Situationen können pädagogische Fachkräfte im Kita-Alltag nutzen, um Kindern resilienzfördernde Erfahrungen zu ermöglichen? Geht das mit unter 3-Jährigen überhaupt, sind die Kinder denn nicht zu klein, um mitzubestimmen? Mit diesen Fragen befasst sich dieses Kapitel.

5

5.1 Resilienzförderung durch die Erfahrung von Selbstwirksamkeit und die angemessene Erfüllung von Bedürfnissen

Im Alltag einer Kindertagesstätte gibt es zahlreiche Gelegenheiten, um Kindern die Erfahrung von Selbstwirksamkeit, Zugehörigkeit und Partizipation zu ermöglichen. Einige Beispiele zur Umsetzung wurden bereits in anderen Kapiteln beschrieben. Als Erstes ist es beim Ankommen der Kinder wichtig, jedes Kind und seine Eltern durch Blickkontakt und individuelle begrüßende Worte zu empfangen, z. B: „Guten Morgen, Mika, schön, dass du da bist!", „Guten Morgen, Herr Kraft, schön, dass Sie am Ausflug teilnehmen können!" Durch derartige Äußerungen zeigt die pädagogische Fachkraft, dass sie die Familie wahrgenommen hat.

Im Kontakt mit den Kindern ist es vorbildlich, generell alles Handeln mit und für die Kinder vorher anzukündigen und sprachlich zu begleiten. Dabei wird möglichst wenig *für* die Kinder getan und viel *mit* ihnen.

> **Um Kinder zu stärken, sollten sie möglichst alles wirklich allein machen, d. h. ohne helfende Hände von Erwachsenen.**

Kindern sollte es ermöglicht werden, die **Grenzen ihrer Fähigkeiten** und Fertigkeiten zu erleben und zu lernen, um **Hilfe** zu bitten. Das sind wichtige Entwicklungsschritte zu einem selbstständigen, resilienten Kind. Dabei ist ein zugewandter **Blickkontakt** selbstverständlich. Es erfordert Fachwissen über die Entwicklung von Kindern, viel Empathie und gute Beobachtung, um ein Kind angemessen unterstützend zu begleiten. Die pädagogische Fachkraft muss in der Lage sein, sich zurückzunehmen und zurückzuhalten, um dem Lerntempo des Kindes folgen zu können. Oft greifen Erwachsene im Alltag mit Kindern viel zu früh ein – manchmal ohne darüber nachzudenken, in manchen Fällen auch, damit es schneller geht. Damit nehmen sie den Kindern neben der Selbstbestimmtheit auch viele Lern- und Entwicklungsmöglichkeiten.

Fallbeispiel

In der Gruppe der unter 3-Jährigen gibt es einen Gruppen- und einen Nebenraum. Tim ist knapp zwei Jahre alt. Er möchte in den Neben- raum, wo es eine Spiellandschaft mit vielen großen Kissen gibt. Die Tür zu dem Raum ist geschlossen. Tim geht zur Tür und versucht, die Türklinke zu erreichen. Er ist aber zu klein und kann die Klinke nicht erreichen. Die Pädagogin Anne beobachtet die Situation. Ihr erster Impuls ist, hinzugehen und die Tür für Tim zu öffnen. Doch bevor sie aufsteht, fällt ihr ein, was sie gerade auf einer Fortbildung gelernt hat: Die Kinder sollen selbst Lösungswege finden. Also hält sie sich zurück (Tipp: In ihren Gedanken setzt sich Anna auf ihre Hände, so- dass sie nicht eingreifen kann ...) und beobachtet Tims Vorgehen. Er steht immer noch vor der Tür und versucht, den Griff zu erreichen. Es fällt Anna sichtlich schwer, dabei einfach nur zuzusehen und nicht un- terstützend einzugreifen. Sie möchte Tim gern vorschlagen (s. Kap. 2.4, S. 24), sie um Hilfe zu bitten oder einen Stuhl heranzuschieben oder ein größeres Kind um Hilfe zu bitten. Aber sie hält sich zurück und beobachtet weiter, was Tim tut. Gibt er auf und sucht sich etwas an- deres zum Spielen? Was wird ihm einfallen? Tim geht zum Tisch, an dem Stühle stehen. Er nimmt einen Stuhl und schiebt ihn an die Tür. Er klettert auf den Stuhl und erreicht so die Klinke. Er strahlt. Er drückt die Klinke herunter, doch leider lässt die Tür sich nicht öffnen, weil sie nur zum Gruppenraum hin geöffnet werden kann. Doch da steht ja der Stuhl mit Tim im Weg. Wieder ist Anna in Versuchung, Tim zu helfen. Es wäre ein Leichtes, den Stuhl mitsamt Tim ein kleines Stück zurückzuziehen, damit der kleine Junge die Tür öffnen kann. Anna schafft es weiterhin, sich zurückzuhalten, um Tim eigene Ideen finden zu lassen. Tatsächlich kommt Tim von allein auf eine Lösung: Er klettert vom Stuhl herunter, schiebt ihn ein Stück zurück, klettert wieder herauf und kann die Tür öffnen.

Mit einem unbeschreiblichen stolzen und zu- friedenen Lächeln geht er in den Nebenraum. Von Annas Problemen, sich zurückzuhalten, hat er nichts bemerkt. Sie hat Tim durch ihre wohlwollende Geduld, einfühlsames Abwar- ten und Zutrauen die Erfahrung der Selbst- wirksamkeit ermöglicht. Er konnte erleben, dass er allein eine Lösung finden kann, dass es sich lohnt, durchzuhalten und dass ihm zu-  getraut wird, ein Problem allein zu lösen. Solche Erlebnisse fördern die Resilienz des Kindes, sie machen es stark und ermöglichen es ihm, auch die nächste Herausforderung zuversichtlich anzugehen.

5

Ideen zum resilienzfördernden, respektvollen Erfüllen der Grundbedürfnisse des Kindes in der Kita

Grundbedürfnisse

* **Trinken:** Wasser und ggf. ungesüßter Tee sollte jederzeit für die Kinder frei verfügbar sein. So können z. B. Kannen auf einem Tablett im Gruppenraum stehen. Auf das Tablett werden laminierte Fotos oder Zeichen der Kinder geklebt. Hier werden die Gläser der Kinder abgestellt. Oder die Zeichen werden an Wäscheklammern geklebt und am Glas befestigt. Die Größe der Kanne muss dem Alter der Kinder angepasst sein, damit sie sich selbst eingießen können.

* **Essen:** Es gibt wohl in jeder Einrichtung feste Essenszeiten. Die Regeln beim Essen sollten für die Kinder nachvollziehbar sein. Empfehlenswert ist es, wenn der Ablauf der Mahlzeiten den Kindern ein möglichst hohes Maß an Selbstbestimmung ermöglicht, z. B.: Die Kinder nehmen sich selbst, werden nicht zum Probieren, zum Essen oder Aufessen gezwungen oder genötigt usw.

Fallbeispiel: Situation beim Frühstück

Beim gemeinsamen Frühstück schmieren die Kinder ihr Brot selbst. Für die Erwachsenen ist unausgesprochen klar: Sie dürfen Butter oder Frischkäse und darauf Wurst oder Käse usw. nehmen. Zwei Beläge sind also erlaubt. Wissen die Kinder das auch? Oder sind auch drei oder vier Beläge erlaubt? Wie ist die Reaktion der Erwachsenen, wenn ein Kind Frischkäse und Leberwurst nimmt? Oder Marmelade zur Mettwurst? Ist das in Ordnung? Für manche Erwachsenen nicht, denn es handelt sich um zwei Brotaufstriche, deren Kombination eher ungewöhnlich ist. Und geht auch Wurst ohne Brot? Oder Brot ohne Auflage? Meistens ist es verboten, nur Wurst oder Käse zu essen, aber ein Brot ohne Belag darf verzehrt werden. Mit welcher Begründung gibt es diese Regeln, bzw. welche Logik steckt dahinter?

Wie kann eine Regel aussehen, die für Kinder durchschaubar ist? Eine mögliche Regel könnte sein: Jedes Kind darf zwei Beläge seiner Wahl auf sein Brot geben, und zwar egal, in welcher Kombination. Aber wie reagieren die pädagogischen Fachkräfte, wenn das Kind das von ihm geschmierte Brot nach einmaligem Abbeißen nicht weiteressen will? Mögliche Aussagen sind: *„Das hast du dir selbst ausgesucht, das isst du jetzt auch auf!", „Ich habe dir ja gleich gesagt, das schmeckt zusammen nicht!", „Nee, nee, selbstgemachte Leiden. Das wird jetzt gegessen!"*

Dieses Verhalten ist respektlos und abwertend. Es kränkt und schwächt die Kinder und hat infolgedessen keinen Lerneffekt. Somit ist es völlig ungeeignet, die Kinder zu stärken und deren Resilienz zu fördern.

Eine mögliche, responsive Antwort ist: *„Oh, ich sehe, das Brot, das du dir geschmiert hast, schmeckt dir nicht, stimmt das, Tobias?"* Tobias nickt und verzieht den Mund „Ja, ich mag es nicht." *„Was schmeckt dir denn nicht?"* „Ich mag nicht die Wurst mit der Marmelade zusammen. Das ist eklig." Oder: „Ich mag die Wurst nicht." *„Okay, dann leg es an die Seite."* Er schaut erleichtert die pädagogische Fachkraft an und sagt: „Ich habe aber noch Hunger." *„Na klar, mach dir ein neues Brot. Es ist schade, dass wir das belegte Brot nun in den Müll tun müssen. Hast du eine Idee, was du bei deinem neuen Brot anders machen kannst?"* „Mhm, ja, ich kann die Wurst vorher probieren." Oder: „Ich wusste ja nicht, dass das zusammen so eklig schmeckt. Ich nehme Marmelade und Wurst nicht mehr zusammen, sondern nacheinander!" Tobias lächelt zufrieden über die von ihm selbst gefundene Lösung.

Schlafen: Die Kinder können schlafen, wenn sie müde sind. Es gibt Rückzugsräume für Pausen. Schlafen Kinder in der Mittagspause nicht ein, dürfen sie wieder aufstehen und spielen.

5

Sicherheitsbedürfnisse

* Die Dauer der Eingewöhnung richtet sich nach dem Kind, damit es in Ruhe und seinem eigenen Tempo die Räume, die Kinder und erwachsenen Bezugspersonen kennen lernen kann. Sie dauert so lange, bis das Kind sich auch ohne seine Eltern in der Kita sicher und geborgen fühlt.
* Es gibt immer wiederkehrende Rituale, einen festen Tagesablauf als Orientierung für das Kind.
* Es bestehen klare, sinnvolle Regeln, die das Kind verstehen und einhalten kann.
* Die pädagogischen Fachkräfte verhalten sich eindeutig, vorhersehbar und zuverlässig. Sie halten sich an das Konzept und die abgesprochenen Regeln und Grenzen. So ist für die Kinder eine Kontinuität auch bei einem Personalwechsel gewährleistet.

Soziale Bedürfnisse

* Die Morgenkreise sind so gestaltet, dass jedes Kind sich wahrgenommen fühlt, z. B. durch Begrüßungslieder, bei denen jedes Kind angesprochen wird.
* Die pädagogischen Fachkräfte unterstützen das Kind beim Aufbau sozialer Kontakte und bei der Integration in die Gruppe.
* Das Kind wird durch Partizipation an Entscheidungen beteiligt.
* Die Kinder können sich als wertvolles Mitglied der Gruppe erleben.
* Sie übernehmen Aufgaben und tragen so zum Gelingen des Kindergartenalltags bei.

Wertschätzung

* Das Kind wird individuell begrüßt: „Hallo Tabea, schön, dass du da bist. Du hast ja heute ein tolles rosa T-Shirt an."
* Es gibt keine Strafen, sondern logische Konsequenzen, die sich aus dem Handeln des Kindes ergeben.

BEISPIELE

Das Kind stößt sein Glas Wasser um, es steht auf, holt einen Lappen, wischt alles auf und bringt den Lappen in den Wäscheeimer. Es schenkt sich neu ein. Es fällt kein böses Wort, der Vorgang wird durch die pädagogische Fachkraft einfach nur sprachlich begleitet: „Oh, du hast dein Glas umgekippt. Ich sehe, du weißt, was du jetzt tun kannst."

* Individuelle Stärken des Kindes werden betont.

Selbstverwirklichung

* Durch die Altersmischung erleben sich Kinder in verschiedenen Rollen. Zunächst sind sie die Kleinen, die sich von den Großen vieles abschauen, dann werden sie älter und können Vorbilder für die jüngeren Kinder sein und ihnen z. B. beim Anziehen helfen.
* Durch Partizipation können Kinder sich selbst einbringen, eigene Ideen umsetzen und sich so selbstwirksam erleben. Dies ist eine wichtige Basis für Resilienz.

5.2 Herausforderungen und Chancen im Kita-Alltag: Resilienzförderung durch klare Regeln und die Gestaltung von Übergängen

Der Kita-Alltag bietet viele Möglichkeiten und auch einige Stolpersteine beim resilienzfördernden Umgang mit den Kindern. Wie bereits gesagt erleichtern Transparenz und Klarheit bezüglich der Regeln, Abläufe, Tagesstrukturen und Konsequenzen beiden Seiten eine wertschätzende und entwicklungsfördernde Kommunikation. In diesem Zusammenhang ist es für die pädagogischen Fachkräfte sinnvoll, die folgenden Fragen zu reflektieren:

* Wie klar und sinnhaft sind die Regeln?
* Wie gut kennen die Kinder den Tagesablauf und einzelne Abläufe der Stationen wie z. B. den Morgenkreis?
* Wie vorhersehbar sind Konsequenzen bei unerwünschtem Verhalten oder Regelverletzungen?

5

Mögliche Gründe für Schwierigkeiten im Alltag mit den Kindern können sein:

* fehlende Strukturen,
* Abläufe oder zeitliche Planungen passen nicht zu den Bedürfnissen der Kinder,
* Abläufe sind variabel und für die Kinder nicht vorhersehbar,
* die Regeln beim Essen sind nicht eindeutig,
* die Kinder selbst sind lieber spontan und entscheiden in dem Moment, was wichtig ist und gemacht wird,
* Teammitglieder sind sehr unterschiedlich: ein Kollege ist etwas strukturierter, während seine Kollegin eher zur Laissez-faire-Pädagogik tendiert.

Kinder finden sich jedoch leichter im Alltag zurecht, wenn dessen Struktur jeden Tag gleich ist. Oft fordern die Kinder selbst die Strukturen ein.

Fallbeispiel

In den Ferien kommen weniger Kinder in die Kita und diese werden daher gruppenübergreifend zusammen in einer oder zwei Gruppen betreut. Das irritiert manche Kinder, während andere dies als angenehme Abwechslung erleben. Wenn die Betreuungskräfte dann noch den Morgenkreis auslassen, fragen die Kinder von sich aus danach. Deshalb wurde beschlossen, die Kinder zwar weiterhin zusammen zu betreuen, die gewohnten Abläufe aber auch in den Ferien beizubehalten. Dabei konnte festgestellt werden, dass die Regeln im Großen und Ganzen in allen Gruppen gleich sind, im Detail aber voneinander abweichen können. Die gemeinsame, gruppenübergreifende Betreuung während der Feriendienste verdeutlicht die Abweichungen und bietet so die Chance, diese anzugleichen, damit die Regeln für die Kinder leichter zu verstehen sind und sie sich bei einem Wechsel der Gruppe oder gruppenübergreifender Betreuung nicht umstellen müssen. Dann können sie sich auf ihr Spiel, das Essen, den Kontakt zu anderen Kindern etc. konzentrieren.

In diesem Zusammenhang ist es sinnvoll, wenn sich die Erzieherinnen folgende Fragen stellen: Ist der Ablauf des Morgenkreises, im Garten, beim Anziehen usw. immer gleich? Kennen die Kinder die Regeln? Wichtig ist es, dass die pädagogischen Fachkräfte sich die Regeln aus der Sicht der Kinder anschauen: Sind Regeln und Abläufe für Kinder durchschaubar und verständlich? Sind die Konsequenzen von Regelverstößen logisch und sinnhaft?

Wenn die Kinder z. B. immer wieder zum Aufräumen aufgefordert werden müssen, kann dies ein Hinweis darauf sein, dass die entsprechenden Regeln oder Abläufe den Kindern unklar sind oder Strukturen überdacht werden sollten. Wenn die Kinder nun das dritte oder vierte Mal zum Aufräumen ermahnt werden, wird dies vermutlich in einem immer schärferen Ton geschehen. Die Erzieherinnen ärgern sich, und diesen Ärger spüren die Kinder. Hierdurch steigt die Anspannung, und eine zugewandte, entspannte und freundliche Kommunikation wird schwerer. Solche – teilweise stressigen – Stationen gibt es sehr viele im Alltag einer Kindertagesstätte:

* das Bringen durch die Eltern und das Ankommen der Kinder,
* das Aufräumen,
* das Frühstück (beginnt mit dem Holen der Brotdosen),
* der Morgenkreis,
* das Händewaschen und Zähneputzen im Waschraum,
* das Anziehen in der Garderobe,
* das Mittagessen,
* pädagogische Angebote,
* Ausflüge.

Dies sind nur einige Abläufe, die anstrengend werden können, und zwar sowohl für die Erzieherinnen als auch für die Kinder. Meistens sind die **Übergänge von einer in die nächste Anforderung** der auslösende Faktor von Anspannung, Unruhe oder Stress:

* Die Trennung von den Eltern und das Einfinden in die Gruppe: „Ist meine Freundin schon da?", „Hat mich die Erzieherin gesehen?", „Spielt schon jemand mit meinem Lieblingsspielzeug?" usw.
* Das Freispiel ist zu Ende und das Aufräumen wird angekündigt, damit der Morgenkreis oder das Frühstück beginnen kann: „Mein Turm ist noch gar nicht fertig.", „Ich habe keine Lust zum Morgenkreis.", „Ich will noch mit Lisa weiterspielen.", „Ich will nicht frühstücken, ich habe keinen Hunger!" usw.
* Das Verlassen des Gruppenraums, um die die Brotdosen zu holen: „Es ist so ein Gedränge hier!", „Laura hat mich geschubst!", „Immer bin ich die Letzte ..." usw.
* Das Frühstück: Jedes Kind muss seinen Platz finden, sein Frühstück auspacken: „Ich wollte doch neben Niklas sitzen!", „Ich will nicht neben Bibi sitzen!", „Papa hat mir wieder den Käse, den ich nicht mag, auf mein Brot getan!" usw.

* Vom Frühstück aufstehen, den Tisch abräumen und sich in den Morgenkreis setzen. Wieder müssen die Kinder still sitzen. „Immer muss ich so lange sitzen!", „Das Warten ist so langweilig!", „Immer singen wir dieselben Lieder, das ist langweilig!", „Ich komme nie dran!", „Jasper schreit die ganze Zeit!" usw.

Nach dem Frühstück und Mittagessen müssen die Kinder aufstehen, abräumen und dann in den Waschraum gehen: „Wo soll ich jetzt hin?", „Die anderen schubsen mich.", „Ich habe gar keinen Platz am Waschbecken.", „Zähneputzen ist doof. Ich will lieber mit dem Wasser herumspritzen!" usw.

* Aus dem Kreis, dem Angebot oder Freispiel kommt der Wechsel in die Garderobe zum Anziehen: „Ich finde meine Gummistiefel nicht.", „Ich habe keinen Platz. Ich kann mich nicht hinsetzen, es ist alles voll.", „Ich kann keine Schleife binden!" usw.

* Nach dem Spielen im Garten kommt es zu einem erneuten Wechsel: wieder in die Garderobe zum Ausziehen, in den Waschraum zum Händewaschen und in den Gruppenraum zum Mittagessen. Wieder braucht das Kind einen Platz am Tisch: „Immer muss ich neben Ariane sitzen!", „Immer muss ich das Essen probieren, obwohl ich Möhren ganz eklig finde!", „Jetzt ist die rote Soße an meinen Nudeln, die soll da weg!" usw.

Diese vielen Übergänge sollten gut durchdacht gestaltet werden, damit sie so angenehm und entspannt wie möglich ablaufen können. Durch eine sorgfältige Planung können Übergänge genutzt werden, um pädagogische Lernsituationen zu schaffen, aus denen die Kinder gestärkt hervorgehen. Durch die Beteiligung (s. Kap. 3.4, S. 75) der Kinder und die Berücksichtigung ihrer elementaren Bedürfnisse (s. Kap. 3.2, S. 65) wird es den Kindern ermöglicht, sich als selbstwirksam zu erleben. Gleichzeitig lernen sie, auf sich und andere zu achten und für sich und andere zu sorgen, z. B. indem sie anderen Kindern Hilfestellung geben. Es lohnt sich also, Übergänge im Kita-Alltag gut anzuschauen und ggf. anders zu strukturieren

AUFGABE allein

Notieren Sie Situationen aus Ihrem Kita-Alltag: Welche Übergänge laufen harmonisch ab? Bei welchen Übergängen ist eine Änderung sinnvoll und wie kann diese aussehen?

AUFGABE im Team

Die Teammitglieder bearbeiten die Aufgabe allein und stellen anschließend ihre Ergebnisse vor. Erarbeiten Sie pädagogisch sinnvolle Übergänge für die Kita, in der Sie arbeiten.

5.3 Resilienzförderndes Verhalten bei Kindern mit herausforderndem Verhalten

Manchmal scheint es, als würde bei verhaltensauffälligen oder besser verhaltensoriginellen Kindern die resilienzfördernde Haltung an ihre Grenzen gelangen. Es gibt Kinder, die andere Kinder schlagen, beißen oder schubsen. Sie stören im Stuhlkreis, indem sie herumspringen, schreien, sich verweigern oder Unsinn machen. Sie werfen Spielsachen durch den Raum und zerstören die Bauwerke anderer Kinder. Bei Zurechtweisungen reagieren sie aggressiv, manchmal schlagen sie sogar nach der pädagogischen Fachkraft. Sie schreien laut herum, halten sich die Ohren zu oder laufen weg. Sie bekommen Wutanfälle, werfen sich auf den Boden. Diese Kinder erzwingen durch ihr auffälliges Verhalten sehr viel Aufmerksamkeit. Natürlich ist es schwierig, auch bei einem derartig herausfordernden Verhalten bei einer sensitiven responsiven Haltung zu bleiben. Gleichzeitig geht es gerade dann nicht anders, denn langfristig spürt ein Kind, wenn seine Bedürfnisse erkannt und in angemessenem Rahmen erfüllt werden. Es benötigt sein „auffälliges" Verhalten dann weniger oft, da es auf andere Weise zu dem kommt, was es braucht. Dies verdeutlicht das folgende Fallbeispiel.

5

Fallbeispiel

Claudius ist fünf Jahre alt. Er ist eines der Sorgenkinder in der Gruppe. Die beiden Erzieherinnen seiner Gruppe, Stephanie und Mareike, beschreiben ihn als aggressiv, laut und die Gruppe störend. Sie haben einiges probiert und wissen nicht mehr weiter. Beim Frühstücken springt Claudius auf, wirft seinen Stuhl um, lenkt andere Kinder ab und versucht, sie zu dazu zu motivieren, mit ihm gemeinsam Unsinn zu machen. Im Morgenkreis singt er absichtlich laut und falsch, springt unvermittelt auf und hüpft in der Mitte, er verweigert sich bei Spielen, verschränkt die Arme vor der Brust und mault. Manchmal kommt er schon morgens in angespannter Stimmung in die Gruppe, manchmal ist er zunächst ganz zufrieden und spielt friedlich.

Die Erzieherinnen haben beobachtet, dass Claudius kurz vor einem Wutanfall seine Unterlippe vorschiebt. Wenn sie dies bemerken, spricht eine ihn sofort an, um die Ursache für seinen Unmut zu finden. Manchmal gelingt das und gemeinsam wird eine Lösung gesucht.

Manchmal gelingt dies aber auch nicht. Eine solche gelungene Situation war beim Faschingsfest. Mareike sieht, wie Claudius seine Unterlippe vorschiebt und wütend schaut. Sie spricht ihn an und fragt: *„Ist alles in Ordnung?"* „Nein!", antwortet der kleine Junge wütend. Die beiden wechseln einige Worte, und Mareike bemerkt, dass Claudius Schweiß im Gesicht hat. Ihm ist offensichtlich sehr warm. *„Ist es dir zu warm?"*, fragt Mareike. Claudius reagiert nicht eindeutig. Die Erzieherin fragt ihn: *„Ist dir zu heiß, möchtest du dein Kostüm ausziehen?"* Claudius blickt sie an und sagt: „Ja, mir ist warm." Er zieht sein Kostüm aus und schaut Mareike erleichtert an: „Jetzt ist es besser!" Durch Mareikes sensitives responsives Verhalten hat sie Claudius geholfen, sich selbst wahrzunehmen und eine Lösung zu finden. Der sich ankündigende Wutanfall blieb aus. Offenbar war Claudius nicht in der Lage, sein Schwitzen als Ursache seines Unwohlseins zu erkennen und konnte dementsprechend auch nicht aktiv nach einer Lösung suchen. Auch in diesem Kontext gilt der Grundsatz der systemischen Pädagogik, dass jedes Verhalten Sinnmacht (s. Kap. 2.4, S. 24). Viele Kinder im Alter von fünf Jahren können ihre Körpertemperatur selbst im angenehmen Bereich halten, indem sie sich eigenständig entsprechend an- oder ausziehen. Claudius konnte das aber nicht und brauchte entsprechend Hilfe.

Die beiden Fachkräfte haben das Gefühl, sie müssten Claudius immer im Blick behalten. Das geht natürlich nicht. In der Gruppe sind 20 Kinder, viele mit Migrationshintergrund, die manchmal kein, manchmal wenig Deutsch sprechen. Von den 20 Kindern haben drei Kinder einen besonderen Förderbedarf, und neben Claudius gibt es weitere Kinder mit herausforderndem Verhalten. Mareike bat die Leiterin der Einrichtung um Unterstützung und führte Elterngespräche. Gemeinsam wurden mögliche Ursachen für Claudius' Verhalten gesucht und entsprechende Veränderungen im Umgang mit Claudius umgesetzt. Er zeigt nun weniger Wutanfälle, ganz weg sind sie nicht. Er lernt aber, immer mehr für sich zu sorgen, seine Bedürfnisse erkennt er schneller und kann sie auch benennen, wenn er in ruhigem wertschätzenden Kontakt gefragt wird.

Nachdem er mehrfach nicht auf die Erzieherinnen gehört hatte und draußen mit Stöckern geworfen hatte, durfte Claudius nicht mit in den Garten. Die Leiterin Maria kommt zufällig in den Raum, in dem Claudius wütend herumläuft und schimpft. Er fegt ein Puzzle auf den Boden und wirft einen Stuhl um. Maria spricht ihn an. Sie kann unvoreingenommen auf ihn zugehen, weil sie an der Entstehungsgeschichte des Konflikts nicht beteiligt ist. *„Claudius, was ist los? Ich sehe, du bist wütend."* „Ja, bin ich auch! Ich will auch in den Garten!" *„Was ist passiert, dass du nicht darfst?"* „Weiß ich nicht, ich soll aufräumen", antwortet er immer noch wütend. *„Ich frage kurz Mareike, was sie von dir erwartet und dann hebst du eben den Stuhl wieder auf."* „Nee, ich will den blöden Stuhl nicht aufheben!" Maria wiederholt ruhig, aber bestimmt: *„Du hast den Stuhl umgeworfen und du hebst ihn wieder auf! Ich frage währenddessen Mareike, unter welchen Bedingungen du in den Garten gehen darfst."* Maria wendet sich an Mareike, und Claudius hebt den Stuhl auf. In einer kurzen Rücksprache mit der Erzieherin klärt Maria die Vorgeschichte und ihr weiteres Vorgehen ab.
Zurück bei Claudius – er wirkt etwas ruhiger – setzt sie sich und breitet die Arme aus. Claudius kommt näher und lehnt sich an sie: *„Schön, dass du den Stuhl wieder hingestellt hast! Mareike sagt, du hast dich geweigert, das Puzzle aufzuräumen und dass du heute Morgen im Garten nicht auf die Erwachsenen gehört hast."* „Ich will aber raus!" *„Okay, du kannst raus, nachdem du das Puzzle eingeräumt hast."* Claudius bewegt sich in Richtung des Puzzles. *„Komm, ich helfe dir schnell."* Claudius entspannt sich deutlich. *„So, das ist aufgeräumt. Was kannst du noch tun, damit du in den Garten darfst?"* „Hören, wenn die Erwachsenen was zu mir sagen." *„Das ist eine sehr gute Idee! Kannst du dir vorstellen, dich auch daran zu halten?"* „Ja!" Er schaut Maria offen in die Augen. *„Kannst du Mareike versprechen, heute Nachmittag auf sie zu hören?"* „Okay, ja mach ich." „Dann gebt euch beide die Hand drauf." Mareike und Claudius reichen sich die Hände, und Claudius geht freudestrahlend in den Garten. Sein Versprechen konnte er halten.

5

Maria hat Claudius ernst genommen und ihn in die Lösung mit einbezogen. Er wusste offensichtlich, was Mareike von ihm erwartet. Maria blieb bei der Aufforderung, dass Claudius den Stuhl wieder aufheben müsse. Dies ist eine logische Konsequenz seiner vorherigen Handlung und daher keine Strafe. Claudius weiß dies intuitiv und erkennt den sinnhaften

ten Zusammenhang. Er übernimmt – auch im weiteren Verlauf des Gesprächs – die Verantwortung für sein Handeln. Er konnte sich als selbstwirksam und gleichzeitig als wertvolles und geschätztes Mitglied einer Gemeinschaft erleben.

AUFGABE allein

Beantworten Sie folgende Fragen für sich: Welche Kinder in Ihrer Gruppe fordern Sie heraus, bringen Sie an Ihre Grenzen? Was könnte der Zusammenhang für das Kind sein? Was würde dem Kind in der Situation guttun und ihm helfen, gemeinsam eine angemessene Lösung zu finden?

AUFGABE im Team

Die Teammitglieder bearbeiten die Aufgabe zunächst allein und stellen anschließend die Kinder mit herausforderndem Verhalten in ihren Gruppen vor. Beraten Sie gemeinsam, wie sie diesen Kindern eine angemessene Unterstützung anbieten können. Müssen dafür Abläufe geändert werden?

Ausblick

Den Lesern und Leserinnen dieses Buches ist es vielleicht so ergangen wie mir: Je mehr man sich mit dem Thema „Resilienz" auseinandersetzt, desto wichtiger und weitreichender wird es.

Was müssen die Kinder, die heute eine Kita besuchen, für Fähigkeiten im Alter von 20 Jahren, wenn sie in der Berufsausbildung oder im Studium sind, als Dreißigjährige, wenn sie vielleicht eine Familie gründen oder sich beruflich weiterentwickeln, bzw. im Alter von 40, 50 oder 70 Jahren besitzen? Niemand weiß dies, denn niemand kann in die Zukunft schauen und wissen, welche Technologien es dann gibt und welche sozialen Fähigkeiten gefragt sind. Vor diesem Hintergrund stellt sich die Frage, was pädagogische Fachkräfte den ihnen anvertrauten Kindern bieten können, damit sie mit jeder Art von Zukunft zurechtkommen können. Das vorliegende Buch bietet hierzu Anregungen. Resiliente Kinder sind stark, sie können für sich selbst sorgen und sind in der Lage, eigene Lösungswege zu entwickeln. Das sind gute Grundlagen, um die Herausforderungen der Zukunft bewältigen zu können.

Es gibt zahlreiche Möglichkeiten, Kinder im Kita-Alltag zu stärken. Es sind die vielen kleinen Momente und Situationen, die den Unterschied ausmachen. Natürlich gibt es auch große Entscheidungen, die aufwendig sind und viel Vorbereitung und Zeit brauchen. Gleichzeitig gibt es unzählige Situationen im pädagogischen Alltag aller Erzieher, in denen ihre Reaktionen, ihre Haltung, ihr Antwortverhalten die Kinder stärken können. So werden Kinder in der Kita tagtäglich in der Entwicklung zu einer starken, resilienten Persönlichkeit unterstützt und gefördert. Ist diese Art der pädagogischen Entwicklungsbegleitung erst einmal allen Teammitgliedern vertraut und selbstverständlich geworden – also bei allen Beteiligten verinnerlicht – geht vieles wie von selbst. Die Kinder sind es gewohnt, gefragt zu werden und in einem bestimmten Rahmen zu entscheiden. Sie übernehmen immer selbstverständlicher auch Verantwortung für ihr eigenes Handeln und darüber hinaus für das Wohlergehen der Gruppengemeinschaft. Dies entlastet im Zusammenspiel wiederum die pädagogischen Fachkräfte. Meistens geht es den Erziehern sehr viel besser, wenn sie spüren und wissen, dass sie eine gute, professionelle und die Kinder stärkende Pädagogik umsetzen. Die Resonanz der Kinder und auch der Eltern ist in vielen Fällen unmittelbar spürbar.

Ist ein Mensch meistens gesund, wird von einem starken Immunsystem gesprochen. Dies hilft ihm, sich erfolgreich gegen Krankheitserreger zur Wehr zu setzen.
Ein resilientes Kind kann mit den Problemen und Herausforderungen des Lebens umgehen und Lösungen finden. Man kann fast sagen: Resilienz ist die Abwehrkraft der Seele.

> „Behandle die Menschen so, als wären sie, was sie sein sollten, und du hilfst ihnen zu werden, was sie sein können."
> (vgl. Johann Wolfgang von Goethe, aus: Goethes Lebensweisheit, 1940, S. 28)

In diesem Sinne wünsche ich Ihnen und Ihren Kolleginnen und Kollegen viel Freude und Erfolg beim Aufspüren und Entdecken Ihrer eigenen Stärken und denen der Ihnen anvertrauten Kinder.

Zur Autorin

Irene M. Beier, Jahrgang 1958, Diplom-Sozialpäda-
gogin und systemische Familienberaterin und seit
1985 in Leitungspositionen in Kitas in Bremen. Sie
ist Buchautorin und seit vielen Jahren bundesweit
in Fort- und Weiterbildung tätig.

www.irene-beier.de

LITERATURVERZEICHNIS

Beier, Irene M.: „Stark wie ein Baum", in: Kinder Kinder 7/2014

Beier, Irene M.: Gespräche auf Augenhöhe, Seelze: Klett Kallmeyer Verlag, 2011

Beier, Irene M.: Mit Eltern im Gespräch, Seelze: Klett Kallmeyer Verlag, 2010

Fedder, Julia: Partizipation von Kindern zwischen null und drei Jahren in Kindertageseinrichtungen, Masterarbeit an der Fachhochschule Kiel, 2011, unter https://www.partizipation-und-bildung.de/pdf/Fedder_Partizipation%20Krippe.pdf [21.06.2018]

Goethes Lebensweisheit, München, Albert Langen/ Georg Müller Verlag, 1940

Gordon, Thomas: Familienkonferenz, München, Heyne Verlag, 1970

Göttinger Kongresse für Erziehung und Bildung. Copyright Dr. Karl Gebauer, Interview mit Prof. Dr. Claudia Solzbacher, unter www.goe-keb.de/solzbacher_interview/ [16.12.2017]

Gutknecht, Dorothee: Mikrotransitionen: Kleiner Wechsel, große Wirkung. Übergänge im Krippenalltag sensibel gestalten. In: Entdeckungskiste 1/2013, S. 34-35. © Verlag Herder GmbH

Juul, Jasper: 4 Werte, die Kinder ein Leben lang tragen, 2 CDs, München, Gräfe und Unzer Verlag, 2012

Kaufmann, Rudolf: Die Familienrekonstruktion, Heidelberg: Asanger, 2000

Kramer,Maren/Gutknecht,Dorothea: Schlafen in der Kinderkrippe, Freiburg/Basel/Wien: Herder Verlag, 2016

Krech, David/Crutchfield, Richard S./Ballachey, Egerton L.: Individual in Society. A Textbook of Social Psychology, New York: McGraw-Hill Book Company, 1962

Laewen, Hans-Joachim/Andres, Beate: Forscher, Künstler, Konstrukteure. Werkstattbuch zum Bildungsauftrag von Kindertageseinrichtungen, Weinheim: Beltz Verlag, 2002

Marshall B. Rosenberg: Gewaltfreie Kommunikation, Paderborn: Junfermann Verlag, 2010

Nussholz, Santosh Ralph: Eigentlich ist nur was für Unklare, unter www.gestaltvision.de/component/content/article.html?id=44:eigentlich [15.12.2017]

Remsperger, Regina: Auf die Beziehungsgestaltung kommt es an. Sensitive Responsivität im pädagogischen Alltag, in: Archiv: frühe Kindheit 1/11, S. 1, hrsg. v. Deutsche Liga für das Kind in Familie und Gesellschaft, Initiative gegen frühkindliche Deprivation e. V. Berlin, unter liga-kind.de/fk-111-remsperger/ [16.12.2017]

Rubenbauer, Alexander: Warum Sie negative Aussagen durch positive ersetzen sollten, unter www.alex-rubenbauer.de/psychologie/876/warum-sie-negative-aussagen-durch-positive-ersetzen-sollten/ [15.12.2017]

Saint-Exupéry, Alexandre: Der kleine Prinz, 59. Auflage, übers. v. Grete und Josaef, Düsseldorf, Karl Rauch Verlag, 1998, S.69

Satir, Virginia: Kommunikation. Selbstwert. Kongruenz, übers. v. Hildegard Höhr und Theo Kierdorf, Paderborn: Junfermann Verlag, 2004

Schlippe von, Arist/Schweitzer, Jochen: Lehrbuch der systemischen Therapie und Beratung Göttingen: Vandenhoeck und Ruprecht, 1998

Schröder, Richard: Kinder reden mit! Beteiligung an Politik, Stadtplanung und Stadtgestaltung, Weinheim: Beltz Verlag, 1995

Schulz von Thun, Friedemann: Miteinander reden, Bd. 1 und 2, Hamburg: Rowohlt Taschenbuch Verlag, 1998

Simons, Daniel: The Monkey Business Illusion, Film unter www.youtube.com/watch?v=IGQmdoK_ZfY [16.12.2017]

Systemische Gesellschaft. Deutscher Verband für systemische Forschung, Therapie, Supervision und Beratung e. V.: Systemischer Ansatz, unter www.systemische-gesellschaft.de/systemischer-ansatz/ [16.12.2017]

Watzlawick, Paul: Anleitung zum Unglücklichsein, München/Zürich: Piper Verlag, 1983

SACHWORTVERZEICHNIS

SACHWORTVERZEICHNIS

BILDQUELLENVERZEICHNIS

Beier, Irene, Lilienthal: 27, 29, 82, 82, 108, 108, 121.

Coniunctum GmbH, Göttingen: 37.

Fabiola Quadflieg, Köln: 3, 4, 5, 6, 40, 41, 84, 85, 104, 105, 120.

Fischer, Andreas, Köln: Titel, Titel, Titel, Titel, Titel, Titel.

fotolia.com, New York: Petra Reischl-Zehent 3, 3, 4, 5, 6, 7.

iStockphoto.com, Calgary: 49, 99; BrianAJackson 18; DGLimages 110; FatCamera 91; g-stockstudio 64; Getty Images 17; IvanJekic 118; Jacob Ammentorp Lund 94; Juanmonino 9; KatarzynaBialasiewicz 67; Marc Dufresne 78; matka_Wariatka 114; Rawpixel Ltd 74; shironosov 18; skynesher 109; standret 101; STUDIO GRAND OUEST 72; svetikd 23; tomhoryn 10; Vadim Subbotin 32; vgajic 72.

Jouve Germany GmbH & Co. KG, München: 68.

Shutterstock.com, New York: sumire8 Titel.

stock.adobe.com, Dublin: Africa Studio 59; Alexey Kuznetsov 52; Andrea 80; Andrey Kuzmin 107; BillionPhotos.com 40; bluedesign 98; cantor pannatto 109; detailblick-foto 61; djama 25; Hansen, Carina 80; Irina Schmidt 59; Katalin 84; kovaleva_ka 80; Mircea.Netea 19; Oksana Kuzmina 13, 104; PhotoSG 45; Silvia Bogdanski 80; tatsushi 55; verevs 88; wortfreundin.com 16; Yantra 87.

Beat your Brain at its own Game

CW01551303

Swiftsure Publishing
Ware

"Beat your Brain at its own Game"

© Chris Day 1999-2000

Copyright Notice

Swiftsure Publishing

The imprint of Swiftsure Publishing

Printed by Hertfordshire Display Company Plc Ware

Published by Swiftsure Publishing

6 Lower Bourne Gardens Ware Hertfordshire

SG12 0BL

I.S.B.N 0 9537086 0 8

EAN 9780953708604

Contents

Author's Acknowledgements

Many people have been instrumental in helping me to write this book. Most of them probably did not realise the influence they have had. All gave their love time and thoughts, others just themselves. Sometimes just a passing word or other encouragement, others more concrete and physical help. To all of them I give my Love and Thanks, without you it would have not been possible.

This List is not complete, it never can be. It is not in order of merit. The names are listed as they came to me. But to all of you listed here or not I send my Love.

Bob and Julie Dennet, Ken and Sonya Ockenden, Barry Pelmore, Roy Maunder, Penelope Swann, Eileen Lane, Brian Nottingham, Soleira, Santari, and Helen, Peter George and Kim, Linda Long, Andy and Trish, John and Lindsay, All my friends in the Soul Association, Michael Lightweaver, Marian Durands, Rita Alexander, Sati Bhamra, Caroline Robbins, Mary Fitzgerald   Simon Drinkwater and Emanuëla Hauth.

Author's Disclaimer

"This book is the result of the Author's personal experience and research into Personal Development. It is provided in good faith in the hope that it may help others establish and operate within their own personal development system. This book is for information and guidance only and is not intended as an absolute blueprint. The individual must take care, and take responsibility for their own personal development. All such personal inquiries may involve some risk to a person's peace of mind. It may be appropriate in some circumstances to obtain further professional help. The author cannot and does not recommend any particular course of professional help nor does he undertake to advise when or if such help would be appropriate if at all."

Introduction.

I wrote this book for you and for me. Over a number
of years I have become more and more interested and
excited by the possibilities of the human being. In the
world today on TV and in the newspapers there is
ample evidence, overwhelming at times of people taking back the responsibility for their own lives within a
secure social framework.

Parallel to this is an upsurge in interest in the "Mental
Abilities" of human beings. Because I found it so difficult to start on this subject I have set down some ideas
and explanations that came to me as I went along. The
ideas and explanations of mind are mine. You may or
may not agree with all or any of them but I hope you
enjoy this book anyway. It is about you. This marvellous
Electro mechanical intuitive entity which is a human
being with so many facets to try and explain the more
becomes almost impossible. The best place to start is
with you.

Writing this was fun. I found out what   I really
thought about things and how I imagined them to be. I
thought about my thoughts and me. What I did with
them, and how they affected me.

I wondered where they came from and where they went. I found myself having to take another look at me dispassionately but with all consuming interest. I had lots of laughs doing this and one or two very interesting moments. As you read this book I hope you will follow a similar journey. Please remember it is not complete because there is always more to discover in every one.

"What is this about?" You may ask. How does it relate to you the reader? – You and I are going on a Journey, together through this book starting now, as you read this and ending up somewhere new and different for you, perhaps.

There is no set speed or time or way to read this, please relax settle down the way you find most comfortable, maybe with a glass of wine, or cup of tea or coffee, and your favourite snack even.

Try to set aside about 20 minutes for each session to give your self time to think over the sections and do some of the exercises for the first time. If something is not clear at first DON'T WORRY you can always come back to it later because each section is self-contained.

It's best not to skip about too much though, if you do your in danger of losing the thread, which could be confusing.

Before you start on Your Adventure, please come to this with an open mind. Some of the ideas and principles may be strange to you, just suspend disbelief, like when you go to the pictures, and enjoy the show, it will be worth it, and you have a New World just waiting for you around the next corner!

You will also see that the book has been printed on one page only. This is to give you space for you own notes and comments you might like to make on each page. That way the original is not over written. You will also have your own record page by page to refer to in later times.

Finally, Have Fun! This is about you beating your own Brain at its own Game, not an Assault Course, that you have to win at all costs. If you take your time and enjoy the course as you go, you will be better at it than if you force your self.

Good Luck! I wish you a happy exploration and a safe homecoming.

C.D
New Year 2001.

Session One

Use Your Imagination.

Take your imagination out of mothballs dust it down and plug it back into your head because it will turn out to be the most valuable tool in this whole book.

In fact, quite a large bit of the book is about learning to use your imagination properly for your benefit not for your brain's benefit.

A parallel universe in time and space.
(and a different you.)

Have that you will ever read any science fiction books? You know the ones I mean, where there's another world just like this one but subtly different. Maybe the skies are a different colour, or people speak backwards or perhaps there is a very subtle change even subtler than this that you don't realise about until almost three parts of the way through the story. Well this little book is like that and it has a difference you will not see straight away.

This other world is where you can try things out.

Like putting on a new thought for size, or what you do or how you react to people you can see the effects on this 'imaginary world' with out fear of disaster or anyone blaming you

Your secret proofing ground

As well as this, nobody else on earth knows about this secret world except you. For them to find out you have to tell them. I think it will be much more exciting to make the changes I suggest modified by you if need be.

Your friends and family, the people that you work with see only your successes. You can learn from any "mistakes" before they become public. What's more, you can talk to this other " person," and get intelligent feedback. Now that must be better than a plain Mirror. Although your reactions may be mirrored in what the other person Does.

If there are things you'd rather not remember or do then don't; you're not reading this to beat your self up.
Before we go any further you will need to find out just how you work inside your head.

2

To start you can find out how you remember things so lets do that.

Just how do you remember?

Let's look around a bit and see -

Are you a Picture person?

May be your memories are in pictures, in black and white or colour or a bit of both.

Could be you are Hearing Person?

Some people hear memories better than they see them like listening to people talking, perhaps its just sounds that mean most to you like your first motor bike or car sounded, or your first baby crying?

Can you remember Smells maybe?

3

How about the smell of your first pair of real Leather shoes or that leather jacket you always wanted and finally got, do you remember that?

Try something else – if you're a lady what about the first bottle of French perfume you bought or were given as a present remember that? How it smelt heavenly? Or maybe not!

You see memory can and does use all your senses, even taste and how things feel –

What about your favourite candy you liked best as a child Even now can you imagine its taste – the rustle of the candy wrapper or packet as you open it then the anticipation and wow the first bite or suck!

Did you ever go to the Seaside? or the mountains? Do you remember how the wind felt and what it smelt of and how salty it tasted? Perhaps you remember that feeling of space or the greatness of it all.

Memories are Mix n Match

It doesn't matter how best you remember, its up to, or down to you what's your best memory jogger.

4

Actually you probably use a bit of all five senses at the same time, sight, hearing, taste, touch and how things felt, to bring back Your memory "pictures." One things for sure, one or other of the five senses will be better than the others for you.

That's OK.

It's the bringing back that's important at this point in your journey not how you do it. That comes later.

You're doing it fine already.

Doing what?

Using your imagination that's what, cos. that's what you do when you remember, you imagine things as they were for You, as it was then in your past.

Easy thing to use your imagination isn't it?

Visualisation

That's what I'm going to call using your imagination
from now on, just remember it means using your imagination the way that suits you best, and that visualisation
covers all five senses in a Mix n Match way

Fun Break

Its time to have a bit of fun. Dodge about inside you
head for a couple of minutes. Explore some more
memories; limber up your "Visualisation Machine."

Go visiting

Pick somewhere nice to go.

See if you can use all of your imaginary senses to build
up a picture that you can "step into," and move around
in. Say a forest or a summer meadow or maybe where
you spent a happy part of your childhood.
You could even "go and see," an old friend if You
want.

It's up to You.

Session Two

Some Questions.

Can you see your self in your communicator?
Are you any different to what you think you really are?
Are there two possible pictures?
Say, what you would like to be and what you think you
are, OR what you think you are and what others think
you are? Maybe, Maybe not, but be honest with your
self.

Congruence.

It's getting these different pictures to be the same that
counts. When they do, its called congruence. It means
just that – the idea and the reality being just the same.
And when You get there you yourself will be
congruent.

Your ideas are Strong enough.

You might not think so, but lets do an experiment, to

Look back in your mind's eye again, to something you did you were really proud of. Doesn't matter what, or if it was a small thing or a big thing for you. As long as you are proud of it. Just remember as much of it as you can. Try to visualise it right in front of your eyes. Here and Now.

Feeling like Royalty?

I bet you feel good. Your heart swells with pride. "I did that," you say "and it feels great." That feeling of success is yours nobody else's. You feel like Royalty.

Thoughts make you feel good

Now if you can feel this good about a visualisation of something in your past that's in your imagination which you've re-created in you mind, then there is some great power here that you can use. Most people think it only operates in the past., in memory. I'm going to show you some thing different. Its not difficult you will need to practice though. AND you can do it instantly, just like that as you become more practised.. Then you can do

8

the same trick about something you really want.
Even if it's in the future and feel just as good about it.
Can't you? Of course you can.

Bad Times?

I don't want to go into this here, just to say if you think
of a bad time then you'll get exactly the same result
only it will be grim and horrible – not a good thing, so
try not to do it too often.

Thoughts ignore time

Just think about this one a minute. When you thought
about the thing that made you feel good, it was in the
past wasn't it?

Now just imagine going on holiday or a trip your
looking forward to. Can you imagine how it will feel?

Leaving work on the day before you go, the excitement
and how happy you are feeling?

Its great isn't it?

WELL THAT'S IN THE FUTURE, but you didn't have to go through all the days in your mind till you got there did you? And you didn't when you went back in time either.

You can switch between the two back and forth instantly, with No hanging around for time to pass.

No time for it

It's beginning to look more promising.

Could be that a lot of unusual things are going to be possible when you take back control of your Brain. For instance, you can't say you've got no time to think, 'cos. You have just "proved" that your thoughts don't recognise time.

Time keeper.

What I'm getting at is this. It's the brain that tries to tie every thing down to a timetable. Well one side of it anyway, more of that later. So tell it where to get off you think; it does; - not the other way round.

So far so good.

The next section is about some simple tools and things to help you from now on. Nothing startling. Most times they're lying about at home anyway. We've packed a lot in so NOW's a good time to look back to see how far we've come already.

The Introduction gave some idea of how best to do this book to get the best out of it. Remember to keep relaxed and to enjoy your Adventure.

Session One Started you using your imagination. You started to explore how you imagined things, by seeing hearing touching etc

You went on to realise, that memory uses all the senses like a Mix 'n' Match, and that you already had the ability to visualise. And you're doing it automatically all the time.

Session one ended with a trip out, just for fun.

Session Two is a bit deeper, it started with
 some knotty questions, 'bout how you see your self
and how others see you.

It brought up the idea of congruence. How different
ideas of your self can be made to match, to suit you.

How amazingly strong your own ideas were came next,
how they could make you feel really good just thinking
about things and a small warning about thinking about
bad times.

After that you proved to your self-that time doesn't
have much to do with thinking.
 It's a Brain Trick.
Remember you are in Charge.

Right On with Session Three then.

Session Three

Some Tools for the job

Some things you will need –

A small book or pad, like a ring bound one from the local newsagent, or refill pad of your choice and a couple of pencils or pens, so if they break or run out you don't have to stop!

What's it for?

This is your 'ideas' and 'feelings' book; it saves having to remember them all. Keep it with you, that's why a small book's better, even at night you may get an idea. Jot it down and then you can go back to sleep. You don't have to remember it then - you never can in the morning anyhow.

Spelling etc

This book must be JUST FOR YOU nobody else must see it (unless you want) you write it for you, so don't be bothered about neatness or spelling or grammar as long as you understand it its OK.

It's an ideas book and ideas can't spell and don't care about grammar, you could lose the idea if you worry about how to put it down. Ideas don't wait, they are now and gone.

No crossing/rubbing out

Again don't waste time just scribble it down.

Sometimes half of one idea matches half of another but it doesn't show up until you read both together, and if you've crossed one out? - Need I say more?

If you cross something out you say to your self "It's no good, so I've crossed it out." But tied up with something further on or further back it just may be a nugget. Remember your mind works instantly both forwards and backwards, it doesn't care which way.

Feelings Book?

Yes, hold on I'm coming to that in a minute. Let me explain about Battle Plans and route maps first though.

The Battle Plan

When a general sets out to win a battle, like we are, the Battle of the Brain, it helps to have a plan. You'll end up changing it as you go along, because what you find to do will change, and that changes what you have to do, to get it.

That's ok for going forward into battle.

It's also good to know where to start from as well; maybe you'd better look at that also. The little book will do that as well. Useful little thing isn't it?

Good things first.

Your Brain is going to do some serious sniping, mostly when you're not ready for it, so mental muscle is needed, and some good armour plate over the tender bits of your mind. You and I and everybody else has soft spots here and there, even if most days, we're as tuff as old boots, and don't let on at all.

An old enemy

Your brain has grown up with you, and thinks it knows you inside out, but familiarity breeds contempt the old saying goes and in this case its true. That's why you are going to win, why you must win in fact. So don't lose heart. Let's build up some muscle.

Back to Boot Camp!

Welcome to Boot Camp.

Just how do you build up mental muscles then? And armour plate what's that?

Use Visualisation and your memories that's what because your Brain can't touch those easily unless you let it.

This is how you do it.

Just like an athlete you have to use what you have already got, and then improve on it, make it stronger and faster and more supple.

As for armour plate good and happy memories are the best there is, if you haven't got many the you will be able to "make" some with the aid of some tips I'll show you As we move together through this session and the ones after that.

Use your Book

Armour Plate first.

Look back in memory to the successes you have had. Write down in your book all the good things you saw, felt heard, or said when thinking about your successes so that you can come back later to it all fresh. Its something to grab onto if you begin to feel down at any point.

Done that? Good.

This is the start of your "goodies" list. Things you feel good about that you have done or things that happened to you, which turned out good, or made you feel great.

No Bad Book

Just like I said before about 'bad times', there is no bad book, you don't dwell on the grotty stuff.
You will begin to 'will' yourself to succeed, so there's no sense in reminding yourself of past mishaps is there?

I will come back to this but NOW's not the right time, you are concentrating on goodies right?

Another Brain Trick

Did you see it?

If you keep thinking of what went wrong last time, you miss what's different this time, and worse than that, if you expect a thing to go pear-shaped it probably will, mostly because you expect it will.
Your brain stops you doing things by suggesting that you can't do something, or reminding you of what happened last time. It throws in emotions like
 embarrassment and fear of looking the fool. Its very good at it so don't give it chance, try to remember the good thing only.

Practice, practice.

Aim to put at least one good thing down a day, just to get used to feeling good about your self. Think about feeling good until the idea grows on you. Even if you think about the same thing each day it doesn't matter for now, just try to get more and more detail of how you felt to be successful.

'Good' Emotions

Do the same each day for good emotions. How much you loved someone or something. Perhaps think how happy you were when something special happened, like the birth of a child, or getting your first job even.

Write down in the book all the things that chase through your thoughts as you think about your goodies list, so you can go back later and go over it again.

The idea of running over things in your head is this: Your brain wants to keep you worrying. If you're thinking about good things you can't be worrying 'cos. your mind can't do two things at once. Like a computer

it may seem to do it in fact it does one thing at a time, but very, very fast.

Too Perfect

Nobody's life is perfect, what ever they say. There's always something nagging at you somewhere so in this next bit you are going to look at the jigsaw of your life to see what you can do.

Always as with anything in this book, you are in charge. If you don't want to do a session or part of a session that's ok. Come back to it when you feel like it, or never, if that's the way you feel.

Personal Jigsaw.

Are you happy with all the bits of your personal Jigsaw, do they all fit together or are some bits hammered in, 'cos. That's where they OUGHT to fit, or that's where you've been told they are supposed to fit?

My personal jigsaw was like that so it's a fair bet that yours is too.

Later on you are going to sort these bits out to a better

fit, or at least a bit like the picture on the Box that an ordinary jigsaw comes in.

There will still be some dark corners, but you can deal with them when you're ready, any way that suits you, at that time.

Session Four

What are you doing to your Brain?

So what are you going to be doing exactly? And how does it affect your brain?

Nothing you don't already do in some form or other. I don't intend to tell you what to think, your thoughts are your own they belong only to you. I just might, if you let me, show you a better way to think your thoughts.

Greater efficiency

Just jump ahead a moment. If there is a quicker more efficient, natural way to think wouldn't you want to use it?

You Bet you do!

Especially if it costs you less emotional effort and doesn't drag you down in the dumps.

Your Brain is not alone.

Think of other people, what do they do to you? Do
they seem to be 'in the way,' or trash your ideas for you
even before you've finished telling them?
"You can't do that," they say, "it's not your place."
Or things like that.

Constant repetition

If "they" have done it often enough, you'll believe it
'cos. That's what's expected of you, and its less hassle.
Anyway all those others must be right, there is more
of them and there is only you.
Right? WRONG, WRONG, WRONG.

So most times you don't do anything else.
"Well Bert, you'll always be a failure, you can't do
anything right at all," is another sort of thing that's
common enough. And lots more like 'em.

Gets up your nose a bit doesn't it? But you end up
believing it because you hear it often enough, so it must
be right.
Could be you even end up saying to your self,

"Well, I knew it wouldn't work, so I'm not surprised it didn't."

Imagine how this affects you, echoing around your head all day.

The Brain Echo

That's right an Echo. The Brain's got an echo that's as good as you can get any where in the world.

If you or anyone else keeps repeating the same old
 rubbish then just like shouting into a canyon a
tremendous echo will result.
You know if you repeat something enough times you remember it, well the same happens to the Brain.

A silent Partner

The Brain how ever doesn't have to speak; it tries
 to mould your thoughts by constant repetition, like an
echo that is too soft to hear but never quite dies away.
Then like hearing a song often enough you mentally
join in – Bingo! Brain has full control.
Pretty soon after that, your trussed, after all you believe
your self even if your lying, its very hard not to.

24

No reasoning required

Because it's a memory by now, it doesn't have to reason, and you can't reason with it either, nor does it have to work out right or wrong, truth or lie. It's just there until You change it, if you bother.

How to Stop the Rot

Each day your head is filled with this endless chatter overpowering and drowning out large chunks of your attempts to take control.

It makes you disbelieve your own potential, sometimes to the point where you give up.

You can change things over a period of time, its simple but not so quick. You have to get over years of self-misinformation.

Now I'll begin to show you how.

Look at this, if by "talking" to you tour brain managed to control you all these years, how about if you talk to you instead?

That must work just as well as the other way, and it is the start of your real ADVENTURE.

A temporary Target.

This is going to get more detailed, as you work it out. Maybe something like: -

"Personal success in your private professional or social life, and every thing that goes with it."

Just for starters.

Your idea

Make it, as big and as bright as you can, don't skimp, cost is no option. Time doesn't matter, and all the people to help you will be there just at the right moment, not too soon, not too late. Houses jewels, friends, Pets, cars whatever, put the lot in.

Make your own broad target up and put it in your

book. Your choice matters to the most important person reading this - YOU

A big Stick

The idea has to be this good, because it has to work hard to be able to fight back – if you only set a small target you'll have to go through this many times and that's not good at the moment. Maybe you haven't built up the mental stamina you need yet, so box clever instead, use a big idea as a big stick!

Cheat Back!

"Prove," to your self things aren't so bad. Use your book to remind you of all that's good that happens to you.
Add to it day by day – even a tiny thing, noted down it is worth it.

You may find that unexpected good things happen to you, its no magic and here's why.

When the world gets you down, you get depressed and

concentrate on the things that upset or depress you.
If you're like this it's easy not to see that it's not all one
way way way way. When you are actively looking for the
good bits you tend to see them.

Attitude of mind

What am I trying to get you to do?

Take back a bit more control that's what. Control of
how you feel first, then how you think, then what you
do, then how you get to your chosen goals.

Why feelings first?

Well, you can do that silently every day without making
an exhibition of your self. When you move on to the
other parts of the book feelings or emotions are very
important, so you need an early grip.

What's a goodie?

Just stick with the world as it is for now and work on
the Goodies happening to you. They needn't be earth
shattering happenings - like someone smiling at you
that lifts you a bit – that's a goodie. Your boss says

you've done a good job, or you open a door for someone. They're all goodies; things that make you feel good
and show that you have control over some part of the
rat race.

Just look what you are doing. Piece by piece you are
gaining a bit of your self back from the world, no so
bad after all huh?

All in the past?

Each day has its share of 'goodies'. Some times a day
has more than other days. Or so it seems. In fact you
probably missed a few that day so the count is down.
Don't worry because as you get better you will pick up
on more as you go through daily life

Look at each one, go through them one at a time, so
they're not all in the distant past after all – this was only
a week or 10 days ago. Or yesterday, and even today.
They just keep happening, only before you just didn't
notice perhaps.

Session Five

Back to the future

Remember the Big Idea? Keep it up front now you see things could be better. It's not so impossible after all, and you've taken the first BIG step on your particular private journey.

What's it like this journey, and will you get help – Two answers - Long but exciting and yes.

An Exercise

On the next page of this book there's an example of a "Life dial," Its an adaptation of a number of ideas that have been around.

Usual Warning

Once again if you don't want to do this exercise don't. If, when you're doing it, things get bad or tacky for you

The Wheel Of Life

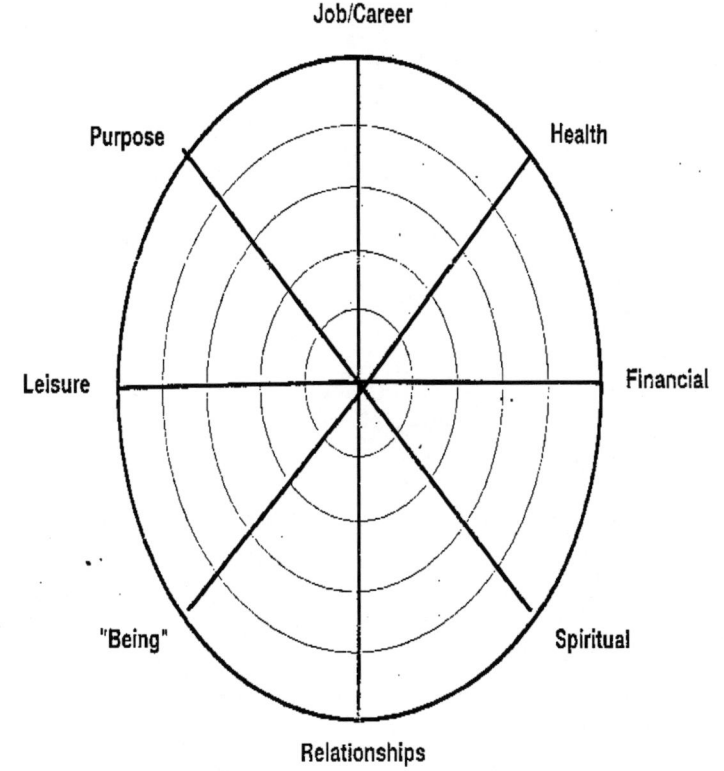

**Where do you 'rate' yourself NOW
on a scale of 0 - 10?**

stop at once. You are supposed to enjoy this its better to stop if you don't enjoy.

Remember as well, this is just for you, its you alone who are going to see this nobody else, unless you want so you can be as good or as bad or as honest as you like.

Watch the guilt or sorrow

Please, please, don't overload on guilt, or sorrow. It's meant to be an overview to give you general ideas. So try to be neutral or non-judgemental with your self, just accept things as they come out for the moment.
Time for action when you're ready for it, later.

Photo-copy First

Photo copy the example if you like and use the photo-copy. Better still draw your own. It doesn't have to be perfect, just workable. Use pencil, it's easier to cheat, though I hope you won't.

Make it big enough. Could be you'd like to chose different spoke labels — ok do it its your thing now. As long as opposites are at each rim end of the same spoke.
Apart from this it doesn't matter about the order the spokes are in.

Imagine where they all cross in the middle is zero and around the rim is always 10 or 8 if it's a small dial!

Take your Time

Take your time. Days if need be to plot out where you think you are on each of the spokes. Redo it if you're not happy.

The Result

When you've done that, join up the points going around the circle like the example — don't worry if you're different! You're an individual and not me for a start. You're not meant to be the same as the illustration in the book.

What's it for?

Well its not meant to control you or force you to change anything you don't want to. Could be it might give you an idea of what your not What now?

If you want to make a start, pick a spoke. A good idea is to pick the easiest "spoke" first. You only have so much spare time to work with on this because of every thing else you have to do.

Another good move is to do things you're not used to in easy stages. That way you don't get so emotionally tired and you're likely to get more of a result quicker. So easy does it

Remember your doing this to you, please don't beat your self up. Stay inside the limits you set for your self otherwise it won't be worth a jot.

YOU ARE INTO SUCCEEDING, NOT
EXPLODING ON THE WAY TO SUCCESS!!

Same again?

You can always use this Dial more than once. Do another one after a couple of months to see how you think you're getting on. Could be you need a change of action say tackling another spoke for a change or just a rest. It's up to you

Very important – Ask for help if you need it.

If things get very heavy – STOP

Ask for help from those around you, father, mother, best friend, priest, and Life-partner whatever.

Sometimes you have to get an idea, of what you want, or might like to look at. Then you can talk about it, ask for help on it, or think about changing it.

Moving on?

Have you got a starting point now?

.

Look at your Life Dial

Can you see perhaps some things you'd like to move around a bit?

If you're happy in general, then maybe you'd like to POLISH one or two spokes up a little say the career or relationships – could be others, its your choice.

Its so simple but hard to grasp

Look over all the teachers and people you have looked up too in the past and work out how they showed you what to do, and how they spoke to you.

Mostly it was along the lines of "No, do it this way," because that's the way people thought. Then, not now, not any more.

No bad guys?

All those people weren't bad or wrong. They wanted the best for you and they did their best – but their

brains tricked them. Just like your brain tricks you yo
and just like you they probably didn't realise it either.
Now you have this book and can make a difference to
you and every one you meet.

All your life people have been saying no in lots of ways.
You name it they have done it. Even your surroundings
where you live have an effect.

If you have ever visited somewhere where the houses
are larger than yours, or the cars, or the people more
wealthy? Could be you said to your self,

"This is lovely but I couldn't live here, it's not my
place."
If you don't want to live there OK but don't stop
yourself by self-limiting your possibilities.
You have got to grip this, most of all your brain likes
you conditioned not to do things out of the rut. It says
you can't so naturally you couldn't, Could you?

Even when good things come along, do you say,
"I couldn't do that," or "It's not for Me." without
looking further. Not every thing is going to be right
up your street but I guess you've missed some
 good things in the past.

Break the Habit

Your brain has got this organised into a very well oiled fine art through many years of unnoticed practice. It knows exactly how to pull you up short. Its so good at it, you don't realise it. This is one of the main ways it prevents you from getting what you really can have and deserve.

It only takes a second to stop this automatic NO, in your mind.

Check your goal

Look back at the Big Idea from the last session, read it through again. Now, we are going to start to work out what sort of things bring your 'vision' into your reality.

Not instantly, this is not Magic Wand stuff, but over a period of time you'll do it, because your going to learn to set your mind to it piece by piece, inch by inch and hour by hour. Starting now.

New Mind set

Learn to answer back, by telling your self what successes you have had, and how you repeat that success every day from now on and what qualities in life help

you now and in the future.. Pretty soon you'll silence
that negative whine in your head.

Try this out on a large scrap piece of paper,

Verbal Blueprints

These are sentences, usually short to begin with that
sum up something you want to be, to do or to have.
You don't have to pick the thing I have to start with; it's
just to show you how.

Pick what ever you want to start with but keep an eye
on the rules. Start like this.

Say you're timid, and you want to be more self-confi-
dent.

You might put down,

> "I don't want to be Timid any more."

Could you do with more cash in the Bank?
You might put down,

"I don't want to be Poor anymore."

But both of these are wrong, and will not help you much..

This is why.

Start Positive.

Look at the two examples, let's pull them apart and see what you're saying to your self.

"I don't want to be timid any more."

If you don't want any more then you must have wanted to be timid in the past, and what's worse; you can't even decide when you want to change. Just some time in the future. Really you're saying, "I want to change, but not now, sometime in the future will do."

Look at the next sentence.

"I don't want to be poor anymore,"

So you have been poor, probably still are poor, as far as

your brain's concerned your staying there. Your brain likes you not to do anything. Remember?

Just take a moment to work out why the next sentence stinks as much as it does. Then I'll explain what to do, to make these verbal blueprints work how you want them to.

"I want to be Wealthy."

A small detour.

This is very important, you have to grab this next idea and understand it. A lot of the rest of this book hinges on this next couple of pages or so.

It's worth taking a bit of time to think about this.

A Time Traveller

We have to look at the way you live in time, and how it affects you.

Lets see how each Moment of Time works for you as

an individual.

Evenings at Home

Look around your room at home. See all the things there, familiar things that bring back memories.

Is there a picture of a loved one, or some Long-standing friend? (Preferably still alive.) Just look at it for a couple of seconds.

When you look at the picture it shows you how something or somebody looked in a Moment in Time that's in the past.

Memories are past moments in time that are fixed, but brought back to the present in you Head. Right?

Past Moments in Time fixed?

You'd think so wouldn't you; Julius Caesar is not likely to come round for tea tomorrow is he?

Just hang on a minute.

You see we have to separate events, or things that

happened in the past, from their effect on you.

Some long past events, might still be affecting you right up to now, as you read this.

Because, you can change the effects of these Past Moments, if you want to, they are a good place to start from.

Effects only

It is only their effect on you that operates NOW. It does not affect any Moment of Time in the FUTURE.

Change the effect

Events are fixed in the past, but your mind is so strong that you can easily change the way you see things even if they are in the past. You do it all the time, naturally.

You can actually change your memories if you want to. People have "invented Lives" for them selves that are so convincing, to them, that they end up believing their

own stories. It's in the papers all the time.

So moments of past time or memories can have their meaning or their effect on you changed BY YOU. When you like and if you want.

A bit more control regained.

Suddenly you could be free from the effects of your Past!

Now for the Future Moments!

Tricky things Future Moments.

Future Moments are tricky, because we all treat them in two very special ways.

You and I can use each future moment, both ways at the same time.

For things to work you have to know the difference in each special way, and how each way works.

Then you can be sure to get the effect you want.

Special way #1

When you set your self a Goal to reach it has to be in the future unless you're living backwards!

Travelling forwards

Think back to the Big Idea the temporary Goal you set up. Its out there in front of you like a road sign lit up in your headlights. You think you are travelling through time towards that goal.

As you get nearer, the goal becomes clearer. It may change because as you see it better, you might see a better way to get to it.

The Goal itself may change as Your needs change. The things important when you're 20 may be different at 30, 40 or 50.

This is Ok.

The River of Time

You're moving the same way as time forwards so things can develop naturally, like a living thing.

Snag Ahead!

Because we are moving along two choices are always present and we HAVE to choose.

Even not choosing is a choice, Not to Choose.

Choice #1 is to just let the "river" take us along at its own speed, like drifting with the current. Maybe you'll get what you want who knows?

Choice #2 is to grab the paddle and the rudder and get what you want as fast as possible.

You might have to do lots of things before getting your goal so "as fast as possible," is a bit elastic. One thing's for sure; you'll get things quicker if you decide to do something about it!

A third Choice

Yes, there is, but I don't think it applies to you. You could paddle with all your might in the opposite direction. Not much good though, the current of time is too strong. I just mentioned it to keep the picture straight.

Back to special way #2

Special way #2

Future Moments can be used in a negative way that stops you getting what you want. By using the future like this your own Brain actually prevents you from doing what you really want.

You help it do it too! Out of habit.

This is why its so important not to fall into the cunning trap set by your brain.

That is what's wrong, with those Verbal Blueprints I used as examples of what not to do.

Any Future action or effect is not certain in time. It could happen anytime, between the time you made it up until the Third Millennium and beyond.

"I am wealthy" – then two things happen which help you.

"I am,"

If you say you are wealthy then the brain will not attempt to stop you. It likes the status quo ok?

Once you replace the negative whine with a positive statement that you come to believe in, you will start to see the opportunities that have always been there but perhaps you never saw before.

Affirmations

Whole Books have been written about 'affirmations', which is what a verbal blue print really is. There are so many mistakes made about them. People have so many odd ideas about them as well.

If you keep them short, simple, in the present, and preferably with "I am," in them, then they will start to work very quickly.

Further explainations

Any Future action or effect is not certain in time, it could happen anytime, between the time you made it up until the Third Millennium and beyond.

The Point of the sentences is not positive it is negative "I don't want —,"

The concentrate on a WANT and you know what want can do!

There is no emotional power in them they're more like a whine than a will to do something.

Back to the main Highway nearly

What section of the moments of time are you left with?

The past is a good jumping off point, the future needs special treatment, so that leaves NOW.

Work in the Present.

To make them work verbal blue prints Have to act now because you are in control completely of each now moment.
You can change only the effect of the past.
The Brain can, and does most of the time, trap you in a negative future.

Keep your eyes open and use the present to provide a floor plan of the future.
If you do this you will not fall into the most common of pitfalls like the ones I showed you.

Provided you work in the present your Brain doesn't get too excited and if you construct your sentences like this:
    "I am wealthy" – then two things happen which help you.

"I am,"

If you say you are wealthy then the brain will not attempt to stop you. It likes the status quo ok?

Once you replace the negative whine with a positive
statement that you believe in, you will start to see the
opportunities that have always been there but perhaps
you never saw before.

This brings me on to session six, how do you
 use them? First though you have to know what is at
the heart of where you are now and what your real
goals are.

Session Six

This takes about 10 days to do. Only 2 – 3 minutes a day though. First thing in the morning or last thing at night is best. You choose what's best for you.

Repeat, Repeat?

Yes repeat, that's the best way to learn.
Just a recap on some important points then you can carry on.

Real Goals

This is where you start to build real goals towards that 'temporary goal', you set up a couple of sections back. Everything needs to be hunky-dory before you start. Just like the foundations in a building so a couple of reminders.

"It's all yours!"

Step one.

Put the date you start on the top of the first page (So's you can tell which is which) and then write down anything you want.

Forget the cost of it. Forget if its "impossible," If, say, you want to walk on the Moon, put it down.

Write down as many things as you can but don't struggle.
If you run out of things to say just stop.

Shut the book; put the list in a drawer. Walk away and forget it.

Until the next day, that is.

The next day

If you forget, it doesn't matter as long as the gap is not more than 2 days. Just carry on.

When the next day comes, don't look at the list you did last but write another list.

AGAIN IT DOESN'T MATTER WHAT so long as its things you want.

It's the same

If you put some or all of the same things down that's
ok.
If you put all new things down, That's ok too.
Most times you will do a bit of both.

Date the list just as you did the other file it or shut the
book and forget it.

Two days later

Wait two days this time, then do another list dating it
and leaving it alone just like the other two lists.

Three days later still

Do your last list for this run through. Date it. File it.

The next day - the result.

Dig out all the four lists. And see what's the same in
each. You sort your thoughts and goals like this. Easy
isn't it?

It's obvious that the things that come up the most must be on your mind most. So they must be the most important, or perhaps the most pressing.

New List

Pick out the most repeated things and put them on a new list.

Your choice

You do the same thing again with your new list, if you want to narrow it down further, or if you're happy then you write the most important things down on a piece of card.

Target Jogger.

This piece of card is a 'memory jogger'. Carry it around with you. Sneak a peek from time to time during the day, to remind you of what YOU want.

Changing Targets?

Of course they will, either because you change or what you need or want changers from time to time. That's ok. Say you want a holiday this year? Maybe you'll want something else next year.

I really want this

You chose these things. Its not "I wish etc," This is what you want at this moment.

So now you need to work out the How. And this is Step 2

Step two – spidergrams!

"Spidergrams"

Once your main ideas have been sieved into shape by step one, its time to see how to get them to happen.

This is where spidergrams come in.

Brick by brick – again!

You know that if a job can be broken down like on an assembly line, it's easier to do. You can get fabulous results from small easily managed jobs that add up, like Building a car.

Well just think about splitting up your goals like that.
Make each step achievable, then go on to the next step.

Break them into bite sized pieces that you can deal
with.

"The Spidergram"

There's a simple one shown on the next page. It's for
buying a bag of candy.

You do them for what you want. Do them in as much
detail as you want. Split them up if it's easier.

Each New Idea – New Spidergram.

You can do anything you want like this. Each one of
the things you want can be a different 'spider'.
May be one leg of a spider could become a spider of
its own if it needs breaking down in smaller bits
Each leg could sprout further ideas once you get going!

Good Plans

Working with your ideas and goals this way means you
always get workable plans.

"Buying a bag of Candy"
A 'spidergram' example

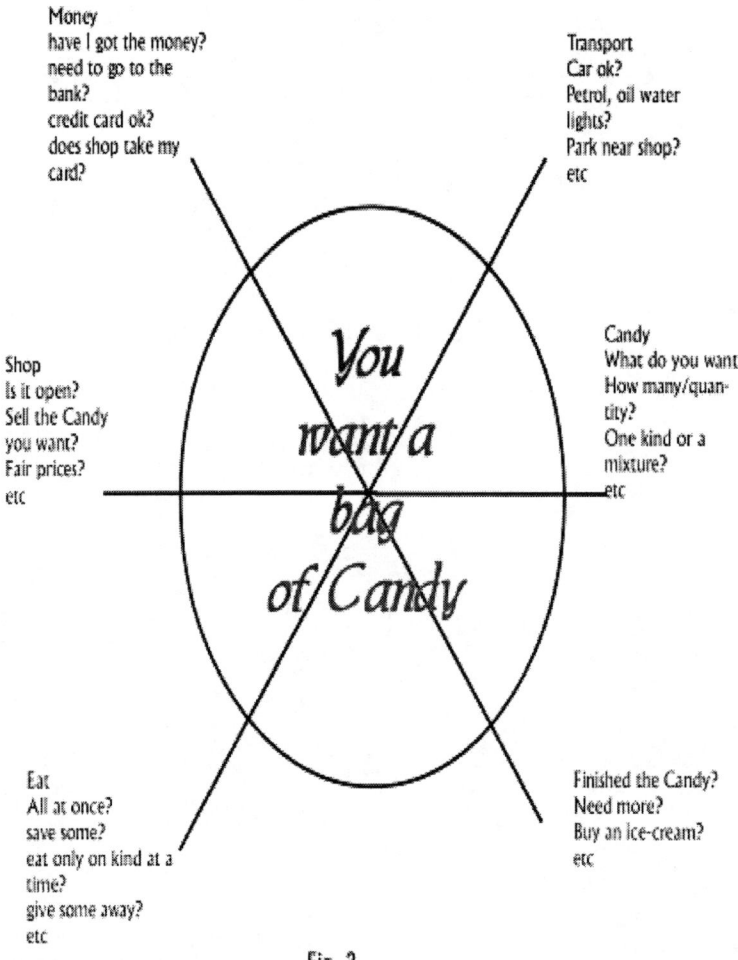

Money
have I got the money?
need to go to the
bank?
credit card ok?
does shop take my
card?

Transport
Car ok?
Petrol, oil water
lights?
Park near shop?
etc

You want a bag of Candy

Shop
Is it open?
Sell the Candy
you want?
Fair prices?
etc

Candy
What do you want
How many/quan-
tity?
One kind or a
mixture?
etc

Eat
All at once?
save some?
eat only on kind at a
time?
give some away?
etc

Finished the Candy?
Need more?
Buy an ice-cream?
etc

Fig. 2

Look at fig.2 for a minute.

There is a main goal – to buy the candy in the centre. The main goal is split into bite sized pieces – each leg. Each leg can if you want be divided up – another spider. Each leg can be numbered so they're done in the right order, (for you to choose.)

Bored or Changes of Plan?

If you get bored with trying to sort one leg you can tackle another for a change. You can do this because you know where you are all the time.

If you need to change things around 'cos. You need to fix something new or in a different way, respider it but keep the old spider so you know where you are.

Old Spiders rule?

Keep the spider. You'll know what to do next time, and if you forget, dig out your old spider!
You find an answer with a spider?
Great!

Update

Where are you now?

You've done your 'Dial'

Remember to keep a check on it, do it fairly often to keep the overall picture up to date.

You can put your wants in the best order
 by prioritising them in the dated lists.

And you can start to plan, what to do, how to do it and when to do it – not bad so far.

The Brain Battle.

You haven't really started yet, but you can begin to plan. It might be a good idea to sneak a look at one of the ways your brain stops you doing things.

Learn to learn

You don't want to waste time and energy so it's a good idea to find the way you learn easiest. To beat your brain you have to re-learn things, and you need to get

results as fast as possible with the least effort.

Find out what way suits you best.

Some people learn by reading, some by listening, some by writing things out (like me) and some by saying things out loud to themselves. You find your best way it's probably a mix of all the ways.

Found it!

Find your way and realise that it is the route to your success. Your own way, not how others expect you to learn. It doesn't matter how as long as it works for you.

Session seven

In the next session you learn about some of the dirty tricks pulled on you by your own brain.

Session Seven

What are you up against?

How does your brain stop you?

Lets do an experiment and see if you can find out for your self.

Silent whispers.

Take a sheet of paper and draw a line down the middle from top to bottom making it into two columns.
If you really get going you could need more than one sheet!

Read this next bit, with a line down it, through before you do it, so you can do it with out thinking about it at all once you start.

Pick one of your ideas and write it in the Left-hand column.
Without thinking put down on the right hand side

all the comments objections that come instantly to your mind.

I'll bet there's a lot. It's amazing how many objections, problems and plain "I can't do its," that turn up with out thinking isn't it? Not to say all the becauses and the what ifs, the maybes, and the Nos. Just look at them all. All starting out from one little idea, or did they?

Now go back to the sheet of paper and try it out.

Right hand rubbish

All this on the right hand side is the echo of all the negative stuff rolling backwards and forwards in your head. Its bound to have an effect, no wonder you feel you're stuck and can't do anything sometimes maybe most times.

Chatter

It's a wonder you achieve anything with all this chatter going on. Imagine every idea you ever had up to now having to fight its way through all that barrage!

Worse you probably didn't "hear" the chatter at all. That's because you are used to it. Like all of us, me included.

Isn't it about time to start to shut up the objections? Wouldn't you feel better if you could control this noise – better still silence it?

Well here's a surprise you can.

Brain noise

All the objections are your own brain trying to control you.
Now, it's not always wrong. You don't want to hurt your self, or have an accident, that's ok.

But all this noise could prevent and does prevent you making decisions and working things out easily with less effort.
It also can give you a distorted picture of how things are and how they might affect you.
That's a rough deal.

To fight back you have to get fit.

Get Fit.

Yes, but not down the Gym. This exercise is for your mind, to build up mental muscle. Its no good trying to shout your brain down, you have to match it pace by pace like a runner, then you can pass it and win.

Not difficult – simple

Really. None of this yoga stuff, no odd postures or special clothes, incense or anything like that. Just you. You can do it anywhere, at any time, like this.

Sit down

Sit down, you can do it standing, if you like but sitting's better.
Sit however's most comfortable for you. Try to sit with your back supported, both feet on the floor, and with your hands resting on your lap.Palms upwards if you can. Close your eyes. Now just try to sit still for 2 minutes that's all.
Don't worry about your thoughts just sit still physically. Hard isn't it. Odd noises distract you, maybe your nose itches, and suddenly the chairs as hard as nails. Not so

easy after all, but keep trying.

What's the Game?

Well, You need time to carry on so this shows you two
things:

Thinking time

See. You can take time out of your busy life, for your
self, make it a bit longer each passing day.
There isn't a correct length of time, just what's best for
you. This is going to be your time Your THINKING
time, and its valuable.

Distractions

All those itches noises etc, are distractions from what
you want to concentrate on, and guess whose doing
that? You are, or at least your conscious brain is.

It wants to stop you concentrating, because if you concentrate on something, things will happen and you will
start to be able to get what you want because you begin
to see how to achieve what you want.

Out of the silence.

Ideas come out of the silence you create for your self.
They always did but could be you never 'saw' them
before because you were to busy or didn't have the
THINKING TIME.

Now you can start changing things can't you?

The next step is to learn to stop the distractions and
begin to do something useful with the time you've just
gained for your self.

This is how.

One way Skin

Imagine your skin is like a one way street between you
and all the noise, interruptions, people talking,
problems you have and anything else that's going on
around you.
Ok?

You can hear what's happening; maybe you can feel it

like the wind or a breeze. Perhaps it's a hot day. Could be your feeling cold. You know where you are. But I want you to imagine you are separated from all this by your own one way skin.

Inside's different

Pretend, for the moment, that your side, the inside, is quiet peaceful and calm. Just for the five minutes or however long you sit pretend it is so.

For this time, your time, you are alone, with room for these five minutes at least, to relax and think your own thoughts.

Isn't that a good feeling?

Successful Winning Plan

In this quiet space that you've just created for
yourself, you are going to think up your winning plan.
It will be successful because you will make it so, with
careful planning and time to think.

Success.

It will give you all the success you want.
Remember that what success means to you is not the
same as the person next to you thinks.

It may turn out to be something astounding that sur-
prises even you; and you thought of it.

Head Buzzing?

Now you're on your own is your head buzzing?

Could be it is.

Thought after thought after thought non-stop.
You need to be able to quieten down all of
 those thoughts buzzing around.

Once you have done that you can choose what to think about, how to think about it, and how best to get what you want.

This next section is trickier than just sitting still. It needs plenty of practice to get it right. It will come all right if you don't try to force it to happen.

Just let things take their own time, and you'll get there.

Watch TV!

Before you rush off to the lounge, I'm talking about one that's in your head.

Look at all your thoughts as they flash by you as if they are being shown on a T.V. screen in front of you.

Each one flashes across the screen followed by another, sometimes more than one at a time.

Some thoughts even surprise you.
"What made me think that?" you say to your self.

Don't you?

Eventually you will quieten this lot down. At first, just try to stop one thought in its tracks. Right there in front of you. Still, not moving.

Cancel that thought!

Say to your self, out loud if it helps,

"I am cancelling that thought!"

At first your brain will sneak that thought back in, so you will have to cancel it again and again until the thought has gone or brain just gives up, or both.

All filled up

Normally we are all filled up with all of these thoughts, so the brain doesn't give us much chance to be creative in our thoughts.

Your brain doesn't like to lose out, so it will fight back – hard.

It will distract you like I said before. You'll think of all

the things you 'should' be doing instead of this, or you might need a drink of water. It will try all sorts to regain its control.

Your brain means to stop you gaining control of that single thought.

If you can stop one then it's the thin end of the wedge for the Brain's total control. Sooner or later you will be in control your self.

Tough on the Brain!

Breathing space.

Once you have cancelled one thought, there is a millisecond of silence that YOU can work with. A breathing space at last. But it's very small.

So stop another thought.

Pretty soon you will have control of the TV and then a blank screen!

Now you're getting somewhere!

Now you have to write your own shows, to do just what you want to do. To achieve all that you want.

Build up a new thought picture.

Now you can think about what you want to think about. Make sure that only what you want gets into the space you've just made for your self.

You don't want the idle chatter and noise to be back do you?

It may be what you were used to but its no good so keep on your guard, Cos. That brain will slip some in some where. It's crafty.

Session Eight

Use all kinds of ammunition.

In this part you can get used to using all the mental tools at your disposal.
You don't have to learn anything really new; you've had the tools all of your life already. Most people don't use them efficiently enough to make a difference though.

All of your senses can and must be used, because you need to overwhelm the old ideas so they can be replaced easily with your new ones.

Play Mind games.

You start to exercise your mental muscles in this section. Just like playing football or any other sport, it can be smashing fun and do you good into the bargain.
You will have to use your visualisation and all of your senses one by one.

OFF YOU GO
– TRY OUT SOME OF THESE EXAMPLES

The senses.

You know the five ways each of us knows about the world we live in – Sight, Sound, Taste, Smell and Feel. You are going to use all five where possible.

Could be that one or other of the senses doesn't fit with what you want to do but that's all right.

Most people use their eyes mostly so lets start with the use of sight.

Example 1

Sight

Pretend you are on holiday somewhere warm, say Disneyland. Can you see Mickey Mouse and Minnie, Bluto and Goofy?

Could you describe them?

Try now. by "seeing" them.

Feel

What's the weather like? Can you feel the warm sun and
the little breeze playing around, just enough to stop it
being too hot?

Taste

How about lunch, what did you have?
Was it good? A Hot Dog maybe, or a 'proper' meal?
Conjuror it up now.

Hearing

Listen to the squeals of all the happy children around you,
the hubbub of the fairground and the shouting of the
showmen.

Smell

Smell the grass and feel the heat, taste the good thigs
to eat and that smell of the fair that seems mostly to be
warm motor oil!

Pictures in the mind

To use your visualisation techniques properly you have
to pack in as much information as you can.

Just look at the picture I've painted – its not
complete, you could add more and more

Using each sense at a time and building it up slowly
makes for a simple job. Simple doesn't mean easy, it
takes a bit of practice.

Here' another example- I haven't put the headings in
this one.

Example 2

Is the countryside better for you? In spring perhaps?
Imagine walking down the green fresh tunnel made by
the Hedges either side of a Lane where the sea peeps at

you through gaps in the hedge and stares at you through gateways.

The Hedges are like a run away maze twisting and turning around the little fields and cottages that cry Boo! As they surprise you around corners.

You walk along the hedge; the wild flowers brush your feet and send a hotchpotch of perfumes so strong into the air, that you could almost be drunk on the scents. Bees buzz and clatter about the flowers, adding a rhythm section of humming to the picture.

Wander from side to side. Notice the feel of the gravel roadway then the grass verge, and back again. The warm sun. Salty sea murmurs brush your hair this way and that as you meander to the sea.

Perhaps you are wearing your favourite clothes and munching sweet grass plucked as you go along as well. Fragments of half forgotten songs play around your lips.

You are so happy!

Not so silly.

I just happen to like Disneyland and country lanes by the sea, but it does show how you can build up idea pictures a bit at a time. You work on them each day and they get more and more detailed until they begin to work for you.

Use the time and spaces you are creating for your self to build up a picture of what you want, how you want it and where.

Make sure that there aren't chinks in the picture for your brain to leap in and trash your ideas like it usually tries to do.

Home Movies

Play the scenes you create for your New World often on the TV in your head. This will replace the "Can't Do," negative racket.

How it works

You believe your self don't you?

Well once the mind begins to believe what you say is right and it will if you keep on at it.
Something strange happens. The new picture you create becomes "now, in the present," to the mind, it accepts it as a point to start arguments from.

This means it will not argue about the picture only how you can achieve it.

But you know at least part of the answer to that one don't you? It was in the last two sessions.

Trouble shooting.

Visualisation is such a personal thing I can't guess how it works for you. If you've never done it before the chances are the first attempt will be a dud so I'm going to go over a few common sticking points.

Above all don't worry, you didn't learn to walk in one go, and this is just the same. Just as you can walk now with practice you'll be able to visualise.

The picture could be hazy, or vague shapes and you might hear more than you see. That's ok.

Use what you already know as a thing to practice on like this.

Familiar Surroundings.

Look around your room at home as you read this.
If you're not at home use a room or object you know very well.

Pick any object or thing you like, the book case your stereo your favourite mug or picture.

Start picturing that. Look at it intently; try to capture every detail.

Do it for a couple of minutes then close your eyes and 'see' the thing you were looking at in your mind's eye. Practice until you get an image then work on it.

Use Photos

You can do the same with photos of your partner, friends or children, even you dog. What the picture is

isn't important practising is.

No time scale exists for this to work, but you can carry on with the book and do your practice at the same time. Please don't get hooked up on this, and lose out on the rest.
Be assured that it will work if you stick at it.

It will only happen at the speed that is right for you – you can't speed things up, there is no 'instant' trick or cheat.

Are Dreams a waste of time?

All the great inventors like Alexander Bell, who thought of the telephone, dreamt it up first. Remember you are 'inventing' a new outlook on life for you, so start in good company.

Don't give up yet.

This doesn't take long out of your day. It is time you have made for your self to use and plan with.
Time that until you started this, you may not have thought you had. Work on getting more time for your self. It's true what they say

"A Picture is worth a 1000 words."
So stick at it.

Your Mind works in 'pictures'.

You know now, and many physiologists seem to agree that the mind works in pictures, even if you can't yet see them.
Unless you're reading this that is.

Up to now

It's been a long journey so far. I've been trying to show you briefly what's possible and how it's done.

I hope you're 'in the mood', for more adventures, in taking control of that wonderful thing inside your head. From now on you'll be using it more and more to gain control of your real world.

The one you're starting to create now for your self just as you want it to be.

Nice Ferrari - no engine

You can make beautiful pictures of how things are to be (Why didn't I say 'want'?) but there's something missing.

84

They look real good but they're going nowhere yet. You need an engine, some power behind them, to make them go.

No secret power needed

That's right. You have what it takes, and always have had. So what is it?

Become emotional

Emotion is the key. That's the 24 cylinder-racing engine needed for your Ferrari of a mind.

But it's not the flappy, silly kind.

I mean controlled, powerful emotional drive. The sort that makes you achieve. A passion, that drives you, your ideas, and your life forward to where You want to be

Prove it

Just to prove how powerful you are at controlling your power levels and using emotion try this experiment. Read this through before you try it so you get the full effect.

Close your eyes; relax comfortably in your chair, so there's no tension in your body.

Now think of a time when you were really angry about something or with someone. Picture how you felt. Remember how tense you were, with the emotion ready to explode out of you like a volcano. How hot you felt. Hang on to these thoughts and feelings for about a minute.

Now see what has happened to your body. Check Your breathing, see if you tensed up or not. Whether you feel hot or not. What to you think about the thing that made you angry now?

Really annoyed that's what.

Relax.

Now put it all back together again in calmness and peace and quiet.
See how your body and mind relax and unwind. How the tenseness leaves you and you begin to feel better again.

Take a minute or two, to calm down again.

Session Nine

Another experiment

Do exactly the same again but this time choose something or some one that made you feel really happy and loving.

See what that does to you and how it affects your body and feelings.
Try and get the same deeply felt, powerful effect. Grab the thoughts for about the same length of time – 2 minutes.

Do you notice anything different?

Does it feel good or different?

You bet.

Emotional Power is neutral.

Think a minute. Look back on the two experiments. Each time there was strong powerful emotion. It made you feel good or bad.

Now the power in those two kinds of emotion was the same. Only the resulting effects were different.

You are in control of both the emotion and the effect it has on you.

You must be, because the events that affected you are not real Now. They were real one time maybe.

You still felt that surge of powerful feeling though.

Change the pack and change the label.

Do you see?

If something makes you angry, you can be a snarl all day or you can use that 'anger emotion' in a better way.

If you change its label from 'anger' to say, 'emotional energy', and then you will stop being 'angry' soon afterwards. You have a free pack of energy now. Use all the energy you have created, for something you want.

Plaster Saints?

Are we heading for Plaster Sainthood?
Not on your life!
Nobody's a plaster saint. I'm not You're not. You won't stop getting mad, wound-up and furious from time to time, nor will I.

But we don't have to dwell on being mad. It's a waste of energy we both can use to create the world we demand and deserve.

That's why emotional power is neutral and why it will power you to what you want. If you use it constructively, as often as you can, that is.

Nobody's perfect after all, but you can stop yourself being a grouch as soon as you can.

Step outside.

The secret to this one is to step outside. Pretend you are watching you.

As soon as you learn this then the weapons in your armoury have gone up by three.

#1   YOU aren't going to waste more time than you have to being mad. That's got to be better for you.

#2   YOU can repackage your 'anger' to a better use.

#3   Once you learn to 'step outside' a situation, there's a better than even chance you'll begin to see the solution.

Good eh?

No miracles

This section so far has been fairly straightforward.

Don't let that fool you.

It can be very hard to put into Practice because you have to relearn how to respond to things and that takes a lot of practice.

Emotion is an important idea. It is what makes things happen. The Affirmations you use need to be Positively crackling with emotion to be of much use. They work better that way.

The way it works

This does two things.

When you pack emotion into your visualisations you persuade yourself to believe them so they work. The same goes for your affirmations.

The easiest way to build up a belief in something you say is to say it often. When it becomes automatic, it starts to run in your head like a CD set to play one track then you'll believe it.

Poetic Justice

Well that's what your Brain does to fool you, so use the same thing back to get what YOU want.

Poetic Justice indeed!

The Storm Cellar and the Real You.

Just to round off the first book I'm going to give you something to chew over.

Relax and get yourself comfortable. Sit up with your back supported and both feet on the floor if you can. Have your hands unclasped but relaxed in your lap, and close your eyes. Don't drift off but do relax as much as you can.

Imagine your point of consciousness working inwards from your outside looking for the centre of you, the bit that makes you tick.

First how does your skin feel? Notice how silky it feels from the inside.
Feel as if you start from the very top of your head and sweep to the tip of your smallest toe, like a laser beam.

What makes you tick – is it inside your skin

Yes or No.

Yes.

Lets go in a bit further, Are you in any of your internal organs?

Hmmm. They are part of you, but unless something is wrong most times you don't feel them.

Ok

So where are you?

Most times you seem to be where you think. Literally you are where you think you are.

But are you separate from your thoughts?

Yes. Because you can stop a thought (remember?) and you didn't stop working or stop being alive did you?

So you're separate from your thoughts.

Now comes the crunch.

If you're inside, separate from your thoughts aware of your body but distinct from it – otherwise you could not separate out your self from feeling it. What are you?

You must be a living thing.

So, (if you can work out all of this so far,) it seems then you must be able to influence your mind –
the thoughts, and your body, and be separate from both.

93

You must be free to choose then, what you want, without being influenced. You are in that silence inside of it all Safe and Quiet. How amazingly powerful you are to control all of this.

Just remember how powerful you really are.

Realise how in control you really are.

Understand how much you can do working in the quiet of your own storm cellar. Using your own thoughts as your weapons to achieve what you demand to be.

The process can be summed up as: -

BElief in your abilities and in what you want

DO the plan and what's needed bit by bit,

HAVE the sticking power to

HAVE what you deserve.

Put more simply   BE, DO, HAVE.

Epilogue

Being it, Doing Having it?
What next?

So now you are being it, doing it, and having it, maybe you'll look a little further into the future. For example, WHAT exactly does it enable you to do? That's what we are going to do next- find out.

The Secret

You see, being, it doing it, having it sounds as if it ought to be three distinct and separate steps. The secret is this, it isn't. All three are squashed together like three pieces of modelling clay of different colours.

Three Strands

You can imagine perhaps being is red and doing is blue and having is yellow. Fine, on their own, but they don't mean much, just strips of modelling clay. If you squash them together the colours mix and you get a ball of clay you can use. After you have kneaded it though, it's impossible to pick different bits of colour up because they are all mixed up.

Easy Learning

Learning things in three easy steps is a good way to start. But, when you actually start doing the work, you have to do a bit of everything all at once, and that's when it seems to be a little complicated. Only until you get used to doing it, with practice, like riding a bicycle you do it without thinking.

What BE means

The word "Being" can mean a number of things. It can mean what you are doing at this exact moment. What you are being right Now. It can be a shortening of the word, "Belief" and that's really what this is, to begin with. As you go on it becomes what you are.. You become what you believe in. And what you believe in ends up being both you and your world

Mastery

So here we are in this New World. A long time ago some Ancient Greek said that the only mastery a person needed was the mastery of him or herself. Once you have this he argued, nothing else it is relevant to you. Of course he didn't live in the 21st century and wasn't subject to all the pressures and stresses that we are but, he was right because once you have

Mastery of yourself you can deal with anything the world throws at you.

21st Century Living

This is where we start to win. Being truthful to yourself and truthful to your ideas. Believing in them and in yourself and in your marvellous potential to do things that only you can do. Once you get to that point you start doing the things naturally which link-up with your thoughts and reinforce them. After some time without you noticing it you have the fruits of the combination of your actions and your thought. Now let's look how this works in a practical example.

Crowded Highway

Doctors will tell you that people think each day many thousands of thoughts. But they can't tell you what sort they are whether they are about your family, your significant partner, your work, sex food or health even. But after reading this book you have control. You don't need to waste energy thinking things you don't need. You can concentrate on what is right for you.

Survival

We live in a world where mostly the things that we need are available so that we don't have to think so much about survival. Of course your wage or salary has to be earned so that you can spend it but you don't have to club your food any more. The trade-off is stress.

Stress

Stress is the thing that causes the most problems and the most ill health in the world today. What probably, is the most stressful question is a simple one and boils down to two words "What if?"

I still do it often and have to correct what I'm thinking and so must you if what you've learnt in this book is to be successful. NO WHAT IFS.

A New World Beckoning You on

As I'm finishing this book in the first year of the new millennium I believe that we have turned a corner in human development.

People are much more interested in how things work at and how they think and how they can take control back into their lives. I hope you will start with your way of

thinking and then start on your way of doing and then start of on your way of having but do remember there are all one thing and there is no set order of doing things except one.

That order is the one that you feel most comfortable with.

Wow

Things start happen in this New World. People start to do things for you. Opportunities start to appear and somehow living becomes easier. Don't run away with the idea that you don't have to do a thing. To quote from the song "that isn't necessarily so" Some effort is required of you but you need your brain to start thinking smart and not hard.

Is the past no good then?

Just remember one thing. All of creation put you here and now reading this book. All of those millions of years of development in and change and evolution did that one thing. Now you can look at what has happened and say "Isn't that marvellous?" Or you can face forwards be grateful for everything that bore you to this moment and step forward. Full of the love of life. Confident in your thought patterns of your own

creation and ready to tackle a New World created by you for you. You're now your own Creator the creator of your future.

The time, it is right.

Now some are you may think that I'm talking about some kind of a revolution This is definitely not so.

If it were not for the development of all of the coun-tries in the world today we couldn't do what we are now doing. The magic is our capability to communicate in a stable society. We need the world as it sees itself, as it is to give us a clearer uncluttered and solid Launch Pad

So what is to be changed?

I'm not talking about changing the power structure. I am talking about your mind. If you take control of your mind you take control of the most powerful thing on the planet. Some would argue it's the most powerful thing on or off the planet, for that it matter.

A new will world.
Do you believe it?

Yes that word 'WILL' is meant to be there it isn't a typo.

This is what I'm talking about. This is the most important few pages in the book. Even if you throw out the rest of it, to hang on to this.

Force does not work

You cannot force peace upon anyone. You cannot force a love upon anyone and you cannot force a good society on anyone. For a human being to do something four things must happen.

● Either that person agrees to it
   or

● That person agrees to abide by what someone else tells him. He effectively gives the power to that person to govern in as we do in democratic countries with a government that we have elected
   or

● He thinks of it it himself and does it.
   Or

● He does not even make a choice and lies supine for everyone to use as a doormat.

Belief essential.

In order for you to be able to agree to either or any of the four paragraphs set out above it is necessary in every case to believe in what you're doing or agreeing to. If you don't believe any of it then it doesn't work. In a perfect world no one elects a government or carries out a course of action or expresses a belief without believing in it At least in a perfect world they do not And that is what we are creating. And this is one of the secrets of bringing your world to perfection

You must believe in it, In your own Thoughts. You, yourself. No one else can do it for you. If you are to create a new-world yourself using the techniques in this book as a stepping-stone only you can do it.

What kind of World?

The world, which you create when you use the techniques in this book, is not the old one. The one we all know, covered in bandages and band aids and surgical Plaster but the new one where the diseases illnesses accidents and disasters simply do not have a place. tantly they cannot create your world.

Some things don't change

Now I'm not saying that things won't happen to you, they will. Some good (many good ones I hope,) Maybe some this that at first seem bad ones but mostly things that can go both ways.. With the right mental attitude and a belief in yourself to which you add the support and the strength of your own mind, you can only suceed.

An invitation

I invite you see the New World where all persons of all kinds, all races and backgrounds join together in their mind with a single idea of the perfection of new creation. At first in Thought then belief then manifesting into reality.

You create the Thought.

You are now the Creator. No one else can do it for you. In your mind there is infinate power but is it it is up to you to develop it. Unfortunately you cannot sit back and expect others to do it for you. 'They' do not know what you know. 'They' do not feel what you feel. 'They' cannot laugh and cry and love as you do. Most importantly they cannot create your world.

Bottom Line

The basic choice is to move forward. To learn as much as possible about yourself your mind and your spiritual existence. You will certainly surprise yourself. The changing in you that you bring about you will surprise all around you. And this is the change which ripples outwards and Changes World's -Yours and everyone's around you .

I'm   going to end this book with a very important phrase and that phrase is

You are all miracles and I love you all.